定年後再雇用者の同一労働同一賃金と70歳雇用等への対応実務

社会保険労務士
川嶋 英明［著］

JN026916

日本法令®

まえがき

　平成30年6月に判決が出た長澤運輸事件における最高裁の判断は、労働者側からすると不満が残るものであった一方、会社側からすると一応は安堵できる内容でした。なぜならば、本判決では、今現在も多くの会社で行われている「定年後に再雇用した労働者の賃金を大幅に引き下げる」という雇用慣行を概ね肯定するものだったからです。

　しかし、最高裁のお墨付きを得たとはいえ、こうした「定年後に再雇用した労働者の賃金を大幅に引き下げる」という雇用慣行を会社がいつまでも続けることはできないのは、この判決が出た当初から明らかでした。なぜならば、本判決は働き方改革の主題の1つである同一労働同一賃金、その要である改正パートタイム・有期雇用労働法の施行前のものだったからです。

　加えて、最高裁が上記の雇用慣行を肯定した理由として「（定年後に再雇用されたものは）60歳台前半の老齢厚生年金がもらえること」を挙げていた点も見逃せません。本書でも詳しく解説していますが、この60歳台前半の老齢厚生年金は令和7年度以降（女性は令和12年度以降）、原則もらうことができなくなるからです。つまり、本件の判断は期限付きと考えるべきものといえます。

　それでなくても「定年後に再雇用した労働者の賃金を大幅に引き下げる」という雇用慣行は様々な面で無理が出てきており、実際、長澤運輸事件以外にも、会社と定年後再雇用者の間で争いとなっているものがあります。

　これらに加えて、令和2年通常国会で改正された老齢厚生年金や雇用保険の制度の内容は、この期限をさらに縮めるものでした。

　つまり、「定年後に再雇用した労働者の賃金を引き下げる」という雇用慣行を続けるというのは現時点でもリスクがあるうえに、そのリ

スクは時間の経過とともに上がっていく状況にあるといえます。例えるなら、老朽化した家に何の補修もしないまま住み続けるようなものなのです。

こうしたリスクを回避するには、これまでの労務管理について考え直す必要があるわけですが、その上で重要となるのが「同一労働同一賃金」です。

なぜならば、日本における同一労働同一賃金は「正規と非正規の格差是正」を目的とするものである一方、定年後に再雇用された労働者の多くもまた、非正規労働者となることが多いからです。

本書では、「定年後に再雇用した労働者の賃金を引き下げる」という雇用慣行の見直しを検討していくため、まずは第1章で、どうしてそうした雇用慣行が行われるようになったのかについて、過去の歴史や法改正、そして現行制度について解説を行っていきます。

次の第2章では令和2年通常国会で改正された法制度のうち、特に高齢労働者に影響の大きいものを解説し、現行制度からどのような変更があるのかを確認します。

そして、第3章では日本版の同一労働同一賃金について詳細な解説を行い、続く第4章ではその同一労働同一賃金に基づく労務管理について、具体例を用いつつ、現行制度からの移行を検討していきます。

最後の第5章では、第1章から第4章からの流れとは少し離れて、政府が目指す「70歳までの就業確保」について解説を行います。「70歳までの就業確保」については、令和3年4月の改正法施行時点では努力義務ということもあり、対応を急いでいない会社も多いかと思われます。しかし、こちらについては、将来的に義務化される可能性が高く、「定年後に再雇用した労働者の賃金を引き下げる」という雇用慣行の見直しの次、もしくは並行しての課題として、会社側が避けては通れないと考えるからです。

社会保険労務士　川嶋 英明

目　　次

第 1 章　定年後再雇用者の労務管理の歴史と現行制度

第 2 章　激変する高年齢労働者関連の法制度

第 3 章　同一労働同一賃金と定年後再雇用者

第 4 章　定年後再雇用者のこれからの労務管理

目　次

第5章　定年後再雇用者と70歳までの就業確保

■巻末資料

───── ● 凡　例 ● ─────

高年齢者雇用安定法 ……………… 高年齢者等の雇用の安定等に関する法律

パートタイム・有期雇用労働法 ……… 短時間労働者及び有期雇用労働者の雇用
　　　　　　　　　　　　　　　　　　管理の改善等に関する法律

有期雇用特別措置法 ……………… 専門的知識等を有する有期雇用労働者等に関す
　　　　　　　　　　　　　　　　　る特別措置法

労働者派遣法（派遣法）……… 労働者派遣事業の適正な運営の確保及び派遣労
　　　　　　　　　　　　　　　働者の保護等に関する法律

同一労働同一賃金ガイドライン ……… 短時間・有期雇用労働者及び派遣労働者
　　　　　　　　　　　　　　　　　　に対する不合理な待遇の禁止等に関する
　　　　　　　　　　　　　　　　　　指針

第1章

定年後再雇用者の労務管理の歴史と現行制度

1 定年後再雇用と日本の雇用慣行

　日本の雇用慣行では、労働者が定年を迎えると、継続雇用制度により、それまでの無期雇用から、期間の定めのある労働契約を締結し直し、労働者が希望する場合、65歳までを限度に契約を更新していくのが一般的です。

　そして、こうした再雇用の際は、当該労働者の賃金を大幅に引き下げるのが普通で、それに伴い、行う業務や役割、労働時間といった労働条件が変わる場合もあれば、定年前と大きく変わらないにもかかわらず、賃金だけを引き下げる場合もあります。

　このような形で定年、特に60歳を境に賃金を引き下げる理由として、賃金が高いままだと老齢厚生年金が支給停止される場合があることや、賃金を引き下げないと雇用保険の高年齢雇用継続給付の支給要件を満たせないといったことがあります。とはいえ、これらをもらったとしても、ほとんどの労働者は、定年前と比較して収入は下がります。

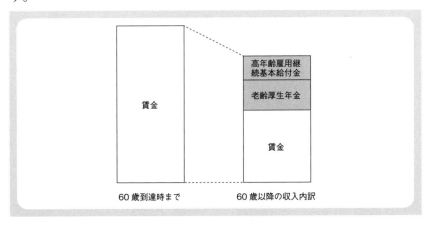

　定年後に再雇用されたもの（継続雇用制度により、定年後に期間の定めのある労働契約を繰返し結び、65歳まで雇用されるもの。以下、本書では「定年後再雇用者」とする）からすると、一見理不尽にも思えるこうした雇用慣行はどうして行われるようになり、そして、なぜこれまで会社側は続けることができたのでしょうか。

　本書は定年と再雇用の歴史やその変遷を解説するものではありませんが、一方で、その歴史や制度の変遷を知ることは、今後起こり得る定年後再雇用者の労務管理の変化を考える際、想像を容易にし、予想の精度を高めることに繋がります。

　そのため、本章ではまず、日本の定年制度の歴史と法制度の関係について見ていきます。

2 日本の定年制度の歴史

（1） 戦前に生まれた定年制度とその変遷

　日本の定年制度は19世紀後半に始まったといわれており、定年について記録が残っているもののうち、最も古いものは明治20年（1887年）制定の海軍火薬製造所の規定です。こちらの規定では「原則55歳」を定年年齢とする一方で、「技業熟練」かつ「身体強壮」であれば雇用延長も行うという内容になっていました。

　定年年齢が「原則55歳」というのは、現代の感覚ではとても早いように感じてしまいますが、当時の平均寿命は43歳前後。そのため、他の会社でも労働者の老衰を考慮し、当時は定年年齢を50歳から55歳に設定することがほとんどとされていました。

　これが20世紀に入ると、その意味合いが徐々に変わっていきます。というのも、この頃になると多くの産業で生産量が増大、これに伴い企業規模の拡大及び従業員数の増加が見られたため、会社が個々の労働者に退職を促すことが難しくなっていたからです。つまり、個別に退職を促すという手間を省くために、一定の年齢で退職を強制することができる定年制度が活用されたわけです。その一方で、必要な部署の人材を定年後も残すという「再雇用制度（現在のものとは意味が異なり、こちらは部門別の定年停止制度というべきもの）」も行われていました。

　このように、戦前の時点で、すでに現在のものに近い定年制の枠組みができはじめていたわけですが、第二次世界大戦が始まると、徴兵による労働力不足を補うため定年後の再雇用制度が活用されたり、定年制度自体が中止されたりしました。加えて、大多数の労働組合が解

体されたことによって、戦前に形成された定年制度はここで一度途絶えてしまいます。

　そして、第二次世界大戦終戦後、各会社は徴兵されていた人たちの復員等による過剰雇用の問題に直面します。加えて、戦後の労働運動の発展により力を増していた労働組合は会社に対し電算型賃金体系（※）を提案、会社がそれに伴う賃金コストの上昇に苦しむ一方で、組合の力の強さにより高年齢労働者の安易な人員整理もできない状況にありました。

　こうしたなかで、一部の労働組合では定年制度の確立を要求するところがありました。これは定年制度が持つ雇用保障機能、つまりは、定年年齢までは必ず雇用しなければならない、という機能を組合側が重視したからです。また、会社の立場からしても、一定の年齢での解雇という側面を持つ定年制度は、電算型賃金体系により高騰し続ける人件費の高騰を防ぐことのできるものでした。

　結果、1950年代には、組合の力が強い会社を中心に、年功型人事管理制度とともに55歳定年制が普及していきます。

（※）電産協が昭和21年（1946年）の産別十月闘争によって獲得した賃金体系のことで、（1）経営者による査定権の介入を排し勤続年数や家族数などの客観的指標等によって賃金を決定する「年功的平等主義」、（2）賃金総額の約80％を生活保障給で充当するよう構成し、企業の生産性に左右されない最低生活を保障する「生活給思想」、（3）企業の枠をこえて同一産業労働者の生活保障を志向する「産業別横断賃金論」という3つの特徴を持つ（出典：世界大百科事典第2版（株式会社平凡社））。

（2）　戦後の定年制度と日本の法制度との関係

　ここまででわかるように、日本の定年制度の確立、定着に至るにあ

たっては、法的な強制はほとんどありませんでした。

　一方で、昭和 29 年（1954 年）に全面改正された厚生年金保険法で年金の支給開始年齢が 55 歳から 60 歳に繰り延べられると、当時定着していた 55 歳定年制との間に乖離が生じました。結果、その後、長期にわたって定年年齢の延長は労使間での交渉対象となっていきます。

　年金制度に限らず、戦後の定年制度は、戦前とは比べものにならないほど、国の定める法制度の影響を大きく受けることになります。これは少子高齢化による人口構造の変化や、高齢者の労働に関する意識の変化など、社会情勢の変化に国が対応しようとした結果です。

　そのため、ここからは日本の定年制度と法律との関係を中心に見ていきます。

①　努力義務から始まった 60 歳定年の義務化

　現在の日本の高年齢労働者の労務管理を語る上で欠かすことのできない「高年齢者雇用安定法」は、それまでの中高年齢者等雇用促進法を改正する形で、昭和 61 年（1986 年）に制定されました。本法でもっとも注目すべきは「定年年齢が 60 歳を下回らないこと」を努力義務として定めた点です。高年齢者雇用安定法が制定される以前も、定年に関しては指針や助成金による延長の促進が行われてきました。しかし、努力義務とはいえ法律で定年年齢を定めたのはこれが初めてとなります。また、平成 2 年（1990 年）の改正では、定年年齢の努力義務に加えて 65 歳までの継続雇用が努力義務とされます。

　そして、平成 6 年（1994 年）の改正でついに定年年齢を定める場合、60 歳以上とすることが義務化されます（施行は平成 10 年（1998 年））。この改正は、同じ年に改正された雇用保険法と厚生年金保険法と併せてのものであり、加えて、どちらの法改正も、定年年齢の義務化と同じかそれ以上に、定年後再雇用者の労務管理に大きな影響を与

えるものでした。

　というのも、まず雇用保険法では、60歳前と比較して60歳以降の賃金が下がった場合の所得補填の給付である高年齢雇用継続給付が新設、翌平成7年（1995年）より制度が開始されています。この高年齢雇用継続給付は、平成15年（2003年）の改正で給付率が変更されるなど、一部で制度の変更が加えられながらも、現在まで制度は継続しています。

　一方、厚生年金保険法の改正では、まず60歳台前半の老齢厚生年金の定額部分の支給開始年齢の引上げが決定されました。その結果、平成13年度〜平成24年度（女性は平成18年度〜平成29年度）にかけて60歳から65歳へと段階的な引上げが行われました。ただし、60歳台前半の老齢厚生年金は定額部分と報酬比例部分の2階建てとなっているため、定額部分の支給開始年齢が引き上げられたとしても、この時点では60歳台前半の老齢厚生年金自体の支給がなくなることはありませんでした。

　また、この年は、在職老齢年金についても改正が行われており、それまでの在職中の労働者の標準報酬月額に応じて年金の支給割合を変更するという方式から、賃金の増加に応じて賃金と年金額の合計額が緩やかに増加するという方式に改められています。これは改正前の方式だと、賃金が増えても賃金と年金の合計額が増えないどころか、合計額が減る可能性があったことを踏まえたものです。ただし、この段階では、賃金や年金の額にかかわらず、年金額の2割を一律支給停止する措置も併せて取られていました。この新たな在職老齢年金もまた、平成7年（1995年）より施行されています。

　年金制度については平成12年（2000年）にも改正が行われており、この改正では老齢厚生年金の定額部分に続き、報酬比例部分の支給開始年齢についても60歳から65歳へと、段階的な引上げが決定されました。こちらの実施は平成25年度（女性は平成30年度）から始まっており、令和6年度（女性は令和11年度）まで続きます。

②　高年齢者雇用確保措置と在職老齢年金

　平成 12 年（2000 年）に行われた高年齢者雇用安定法の改正では、65 歳までの雇用確保措置が努力義務として定められました。そして、平成 16 年（2004 年）の改正では、その内容に一部手を加え「①定年年齢の引上げ、②継続雇用制度の導入、③当該定年の定めの廃止」のいずれかを講じなければならないと定められました。現在まで続く高年齢者雇用確保措置の枠組みがここで完成したわけですが、この時点では、継続雇用制度を導入する場合、労使協定を締結することで、対象となる労働者を一定の基準で選抜することができました。

　そして、同じく平成 16 年（2004 年）には厚生年金保険法が改正されており、在職老齢年金に関して、賃金の増加に応じて賃金と年金額の合計額が緩やかに増加するという方式はそのままに、年金額の一律 2 割の支給停止が廃止されました。これにより、在職老齢年金は現在と同じ仕組みとなります。

　65 歳までの雇用確保措置に関する改正法の施行は平成 18 年（2006 年）、在職老齢年金に関する改正法の施行は平成 17 年（2005 年）、そして、雇用保険の高年齢雇用継続給付については平成 15 年（2003 年）に給付率等の変更が行われているものの、制度の大枠自体はこの頃から現行のものと大きく変わっていません。

　つまり、現在の定年後再雇用者の労務管理に欠かすことのできない定年年齢、継続雇用制度、在職老齢年金や高年齢雇用継続給付といった制度は、2000 年代中盤までに大方出そろったわけです。

　これらの制度はそれぞれが役割を補完する形でしばらくは均衡を保っていました。しかし、平成 24 年（2012 年）の高年齢者雇用安定法の改正による希望者全員を対象とする 65 歳までの継続雇用制度の義務化と、平成 25 年（2013 年）からの厚生年金保険の報酬比例部分の支給開始年齢の引上げにより、会社はこれまでの定年後再雇用者の労務管理を見直さざるを得ない状況が発生し、それは現在まで続いて

います。こうした問題については 29 ページで詳しく解説していきます。

	高年齢者雇用安定法	年金制度及び雇用保険制度
昭和 61 年 （1986 年）	定年年齢が 60 歳を下回らないようにすることが努力義務化	―
平成 2 年 （1990 年）	65 歳までの継続雇用が努力義務化	―
平成 6 年 （1994 年）	定年年齢が 60 歳を下回らないようにすることが義務化（1998 年施行）	・在職老齢年金の方式が変更（1995年施行） ・老齢厚生年金の定額部分の支給開始年齢を 60 歳から 65 歳へ引上げ（実施は 2001 年度〜2012 年度にかけて） ・雇用保険で高年齢雇用継続給付が新設（制度の開始は 1995 年）
平成 12 年 （2000 年）	65 歳までの雇用確保措置の努力義務化	老齢厚生年金の報酬比例部分の支給開始年齢を 60 歳から 65 歳へ引上げ（実施は 2013 年度〜2024 年度にかけて）
平成 15 年 （2003 年）	―	高年齢雇用継続給付の給付率の変更（25%から 15%）
平成 16 年 （2004 年）	65 歳までの雇用確保措置の義務化（2006 年施行）	在職老齢年金の一律 2 割の支給停止が廃止（2005 年施行）
平成 24 年 （2012 年）	希望者全員の 65 歳までの継続雇用制度の導入が義務化（2013 年施行）	―

3　定年後再雇用者の労務管理と密接に関連する現行の法制度の解説

　ここまでは定年の歴史や、定年後再雇用者に関わる法制度の変遷について見てきましたが、では、令和2年度時点での、定年後再雇用者の労務管理に関連する制度はどのようになっているのでしょうか。ここからは、その解説を行っていきます。

　現行制度への理解を深めることで、現行の定年後再雇用者の労務管理に関する雇用慣行がなぜ成り立っているのかがわかっていただけると思いますし、それと同時に、こうした雇用慣行はすでにかなりの無理が出てきていることもわかっていただけると思います。また、第2章で詳しく解説する、令和3年度以降の法改正により、将来的にそれらを続けていくことはほぼ不可能に近いこともわかっていただけることでしょう。

　繰り返しになりますが、本項で解説するのはあくまで令和2年度時点での法制度の内容です。令和2年通常国会で改正され令和3年度以降、順次施行予定の各改正法の解説については第2章で詳しく解説を行っています。また、現行制度の中で法改正があるものについては、その旨を記載していますので、改正後の内容について知りたい場合は第2章の当該項目をご覧ください。

（1）　高年齢者雇用確保措置

　現行の高年齢者雇用安定法では、会社は定年を定める場合、60歳未満に設定することはできません。加えて、雇用する高年齢者（ここでは特に高年齢者雇用安定法上で定義されているものを指しており、

「55歳以上」とされている）の65歳までの安定した雇用を確保する
ため、会社は以下のうち、いずれかの措置を講ずることが義務づけら
れています。

---

1. 65歳までの定年の引上げ
2. 希望者全員を対象とする65歳までの継続雇用制度の導入
3. 当該定年の定めの廃止

上記のうち2.の継続雇用制度には、定年で退職とせず引き続き雇
用を続ける勤務延長制度と、定年で一旦退職とし、新たに労働契約を
結ぶ再雇用制度があります。再雇用制度により定年で一度労働契約を
終了するのは、新たに労働契約を結ぶ際に定年後の労働条件等を見直
すことができるためです。

また、継続雇用制度では、経過措置が認められており、平成25年
4月1日より前に継続雇用制度の対象者の基準を労使協定で設けてい
る場合、年齢によって、希望者全員ではなく、継続雇用の対象者を限
定する基準に基づいて、それに当てはまる人だけを継続雇用する、と
いうことが可能となっています。

◆継続雇用の対象者を限定する基準を適用することができる年齢

平成25年4月1日から平成28年3月31日まで	61歳以上
平成28年4月1日から平成31年3月31日まで	62歳以上
平成31年4月1日から令和4年3月31日まで	63歳以上
令和4年4月1日から令和7年3月31日まで	64歳以上

本書で扱う「定年を理由に賃金を引き下げる雇用慣行」は、高年齢
者雇用確保措置のうち、再雇用制度を前提とするものです。また、本
書で継続雇用制度という場合で、特に記載がない場合、勤務延長制度
ではなく再雇用制度を指します。

（2）　老齢厚生年金の報酬比例部分の支給開始年齢

　老齢厚生年金は 65 歳からの支給が原則です。

　しかし、過去の厚生年金保険法では 60 歳から老齢厚生年金が支給されていました。それもあり、現行の老齢厚生年金でも 60 歳台前半の老齢厚生年金として、65 歳より前から年金が支給されています。

　一方で、60 歳台前半の老齢厚生年金については、65 歳からの老齢厚生年金と全く同じ年金額が受け取れるわけではありません。

　65 歳からもらえる老齢厚生年金は、社会保険に加入していた期間に応じて支払われる「老齢基礎年金」と、社会保険に加入していた際に支払っていた保険料の額に応じて支払われる「老齢厚生年金」とに分けることができます。そして、この 2 つは、60 歳台前半の老齢厚生年金では「老齢基礎年金」の部分は「定額部分」、老齢厚生年金の部分は「報酬比例部分」という呼び方に変わります。

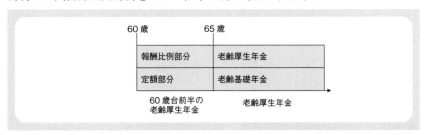

　この 60 歳台前半の老齢厚生年金の定額部分と報酬比例部分は、いずれも支給開始年齢が徐々に引き上げられてきました。特に「定額部分」については 65 歳までの引上げがすでに済んでいるため、特例（障害者特例もしくは長期加入者特例）に該当しない限り、これから 60 歳になる人たちがもらうことはありません。そのため、現行の制度で 60 歳台前半の老齢厚生年金という場合、基本的には「報酬比例部分」を指します。

　そして、この報酬比例部分についても、平成 25 年度以降、徐々に支給開始年齢が引き上げられており、60 歳台前半の老齢厚生年金の

支給開始年齢は、生年月日及び性別によって以下のようになっています。

◆ 老齢厚生年金の報酬比例部分の支給開始年齢

生年月日	支給開始年齢
男性：昭和24年4月2日～昭和28年4月1日 女性：昭和29年4月2日～昭和33年4月1日	60歳
男性：昭和28年4月2日～昭和30年4月1日 女性：昭和33年4月2日～昭和35年4月1日	61歳
男性：昭和30年4月2日～昭和32年4月1日 女性：昭和35年4月2日～昭和37年4月1日	62歳
男性：昭和32年4月2日～昭和34年4月1日 女性：昭和37年4月2日～昭和39年4月1日	63歳
男性：昭和34年4月2日～昭和36年4月1日 女性：昭和39年4月2日～昭和41年4月1日	64歳

平成12年の法改正により、男性は平成25年度より、女性は平成30年度より、原則60歳から老齢厚生年金をもらうことができなくなりました。また、男性は令和7年度以降、女性は令和12年度以降、原則65歳からしか老齢厚生年金をもらうことができなくなります。

（3）　在職老齢年金（法改正あり）

60歳以降、老齢厚生年金を受給しつつ、厚生年金保険に加入する場合、つまり、働きながら年金をもらう場合、勤務先での賃金・賞与ともらえる年金額によって年金の支給額の調整が行われます。これが在職老齢年金です。

在職老齢年金では「基本月額」と「総報酬月額相当額」の合計額によって、調整が行われるかどうかと、調整が行われる場合にどの計算

式を使用するかが変わります。

「基本月額」「総報酬月額相当額」と聞くと小難しく思えますが、要は年金額（基本月額）と賃金額（総報酬月額相当額）の合計によって、年金が支給停止されるかどうか、支給停止される場合はいくら停止されるかが決定されるということです。

基本月額 ＝ 老齢厚生年金の額（加給年金額は除く）÷ 12
総報酬月額相当額 ＝ 標準報酬月額（※１）＋（その月以前１年間の標準賞与額（※２）の総額÷12）

※１ 毎月の賃金等の報酬を区切りのよい幅で区分したもの。保険料の計算や年金額の計算に使用される。
※２ 標準報酬月額と同じく、保険料の計算や年金額の計算に使用されるもの。基本的には支給された賞与額がそのまま標準賞与額となるが、標準賞与額には上限が設定されており、それを超える場合は、上限額が標準賞与額となる。

在職老齢年金は、60歳台前半の在職老齢年金（低在老）と65歳以後の在職老齢年金（高在老）とで制度が異なり、この２つは年金の支給停止額を決定するための計算式が異なります。

60歳台前半の在職老齢年金では、基本月額と総報酬月額相当額の合計額が、支給停止調整開始額である28万円を超える場合、在職老齢年金による調整の対象となります。この支給停止調整開始額は年度によって１万円単位で変動することがあり、28万円というのは令和２年度の額です。

調整が行われる場合の計算式は次のとおりです。また、次の表の「47万円」は「支給停止調整変更額」というものに当たります。こちらも年度によって１万円単位で変動することがあり、47万円は令和２年度の額です。

要　件		支給額
基本月額と総報酬月額相当額の合計が28万円以下		調整なし（全額支給）
基本月額と総報酬月額相当額の合計が28万円超かつ総報酬月額相当額が47万円以下	基本月額が28万円以下	基本月額－（総報酬月額相当額＋基本月額－28万円）÷2
	基本月額が28万円超	基本月額－総報酬月額相当額÷2
基本月額と総報酬月額相当額の合計が28万円超かつ総報酬月額相当額が47万円超	基本月額が28万円以下	基本月額－｛(47万円＋基本月額－28万円）÷2＋（総報酬月額相当額－47万円)｝
	基本月額が28万円超	基本月額－｛47万円÷2＋（総報酬月額相当額－47万円)｝

　一方、65歳以後の在職老齢年金（高在老）では基本月額と総報酬月額相当額の合計額が、支給停止調整額である47万円を超える場合、調整の対象となります。支給停止調整額もまた、年度によって1万円単位で変動することがあり、47万円は令和2年度の額です。

要　件	支給額
基本月額と総報酬月額相当額の合計が47万円以下	調整なし（全額支給）
基本月額と総報酬月額相当額の合計が47万円超	基本月額－（総報酬月額相当額＋基本月額－47万円）÷2

　60歳台前半の在職老齢年金と65歳以後の在職老齢年金を比較してわかるとおり、60歳台前半の在職老齢年金のほうが、調整の基準となる額が低くなっています。そのため、65歳以後と比較して、より多くの人が調整の対象になりやすくなっています。

（4）　高年齢雇用継続給付（法改正あり）

　高年齢雇用継続給付とは、60 歳到達時点の賃金と比較して、60 歳以降の賃金が大きく下がった場合に、その一部を雇用保険から補填する制度です。ここでいう 60 歳到達時点とは、当該労働者の誕生日の前日をいいます。

　高年齢雇用継続給付の支給を受けるには以下の 3 つの条件を満たす必要があります。

・60 歳以上 65 歳未満の雇用保険の一般被保険者である
・雇用保険の被保険者期間が 5 年以上ある（過去に基本手当（失業保険）の受給をしている場合には、その受給終了から 5 年以上経過している必要あり）
・60 歳以降の賃金が 60 歳到達時点の 75％未満かつ支給限度額未満
※　支給限度額は毎年 8 月に変更され、令和 2 年 8 月現在の支給限度額は365,114 円

　高年齢雇用継続給付には高年齢雇用継続基本給付金と高年齢再就職給付金の 2 つがあります。高年齢雇用継続基本給付金は定年後も同じ会社で働く場合、もしくは退職後も基本手当をもらうことなく他の会社で働く場合にもらえる給付で、一方の高年齢再就職給付金は 60 歳以降に会社を退職後、基本手当の支給を受けた後に再就職した場合にもらえる給付となります。

　2 つの給付金の間で支給条件や支給額に違いはありませんが、支給期間には以下のような違いがあります。

高年齢雇用継続基本給付金	条件を満たす限り65歳に達する日の属する月まで支給
高年齢再就職給付金	再就職した日の前日における基本手当の支給残日数が100日以上ある場合で、 ・残日数が200日以上のとき：再就職の翌日から2年を経過する日の属する月まで ・残日数が100日以上200日未満のとき：再就職の翌日から1年を経過する日の属する月まで ※　ただし、2年または1年が経過する日の属する月が65歳に到達する日の属する月後である場合は、65歳に達する日の属する月まで

　また、高年齢雇用継続給付の支給額については、60歳到達時の賃金と比較して、下がれば下がるほど給付額が増える仕組みとなっています。

　高年齢雇用継続給付の支給が最大となるのは、60歳到達時の賃金と比較して61％未満のときで、この場合、支給額は「引き下げられた賃金額の15％」となります。

　例えば、60歳到達時の賃金が月40万円という労働者が、定年後再雇用後に月24万円まで賃金が引き下げられたとします。この場合、60歳以降の賃金は60歳到達時の60％ですから「引き下げられた賃金額の15％」、つまり「24万円」の15％である「3万6千円」が1月の高年齢雇用継続給付の支給額となります。

　一方、60歳以降の賃金が61％よりも多い場合、高年齢雇用継続給付の支給額は逓減していき、75％以上になると、高年齢雇用継続給付は支給されません。

60 歳以降の賃金が 60 歳到達時の賃金と比較して	
61%未満	引き下げ後の賃金額× 15%
61%以上 75%未満	引き下げ後の賃金額×（15%から一定の割合で逓減するよう厚生労働省令で定められた率）
75%以上	不支給

　ただし、支給額には以下の制限があります。

・60 歳到達時賃金には上限（※ 1）及び下限（※ 2）があり、60 歳到達時賃金が上限以上もしくは下限以下の場合は、上限もしくは下限を 60 歳到達時賃金として扱います。

・支給対象月に支払いを受けた賃金額と高年齢雇用継続給付として算定された額の合計が支給限度額（※ 3）を超えるときは「支給限度額－（支給対象月に支払われた賃金額）」が支給額となります。

・支給額が最低限度額（※ 4）を下回る場合は支給されません。

※ 1　479,100 円　　　※ 2　77,220 円　　　※ 3　365,114 円

※ 4　2,059 円（いずれも令和 2 年 8 月現在）

（5）　老齢厚生年金と雇用保険の調整

①　老齢厚生年金と基本手当

　60 歳台前半の老齢厚生年金の受給権を取得したものが、雇用保険の基本手当を受けられる場合、60 歳台前半の老齢厚生年金は支給停止されます。

　この調整は「求職の申込みのあった日の属する月の翌月」から「受給期間が経過するか所定給付日数分の支給を受け終わった日の属する月」がその対象となります。

　ただ、この期間には、基本手当をもらっていない待期期間や給付制

限期間といった、本来支給停止する必要のない期間も含まれます。そのため、この調整では上記の期間分、老齢厚生年金を支給停止にした後、事後的に支給停止しすぎた分を精算する形を取っています。

　具体的には以下の計算式によって計算した支給停止解除月数が１以上のとき、その月数分、老齢厚生年金が遡って支給されます。

支給停止解除月数＝年金停止月数－（基本手当の支給を受けたと見なされる日数（※）÷30）
※　待期期間、給付制限期間を除く基本手当の支給対象となった日のこと
※　１未満の端数は、１に切上げ

　この調整は65歳以降の老齢厚生年金には行われません。そして、年金の調整が「求職の申込みのあった日の属する月の翌月」から始まる都合上、65歳に達する直前に退職をした場合、老齢厚生年金との調整が行われることなく基本手当をもらうことができます。

②　在職老齢年金と高年齢雇用継続給付

　60歳台前半の在職老齢年金の対象者が高年齢雇用継続給付を受けられるとき、在職老齢年金による支給停止に加え、さらに老齢厚生年金の一部が支給停止とされます。

　その際の支給停止額の計算方法は、次のとおりです。

60 歳以降の賃金が 60 歳到達時の賃金と比較して

ア	61%未満	調整額（支給停止額）＝標準報酬月額× 100 分の 6
イ	61%以上 75%未満	調整額＝標準報酬月額×（100 分の 6 から一定の割合で逓減するよう厚生労働省令で定められた率）
ウ	75%以上	支給調整は行わない

　ア、イにおいては、ア、イで計算した調整額に 6 分の 15 をかけた額に標準報酬月額を加えた額が高年齢雇用継続基本金の支給限度額 365,114 円（※）を超える場合、調整額は以下の計算方法によって求めます。

調整額＝（支給限度額－標準報酬月額）× 15 分の 6

※　金額は令和 2 年 8 月のもので、支給限度額は毎年 8 月に変更されます。

4 現行の再雇用制度の問題点

　働きながら年金をもらう場合、在職老齢年金制度により、賃金と年金額の調整が行われ、賃金額によってはもらえる年金額の一部が支給停止されることがあります。どの程度調整が行われるかは人によりますが、賃金が多ければ多いほど、年金額が大きく調整されるのは間違いありません。そのため、せっかくもらえる年金を減らされたくない、あるいは定年後はある程度仕事をセーブしたいと労働者が考える場合、賃金を引き下げる方向にインセンティブが働きます。加えて、60歳以降に賃金を引き下げると、高年齢雇用継続給付により、雇用保険制度から労働者は給付を受けることができます。

　一方、会社の立場から見た場合、国の制度である年金や高年齢雇用継続給付を理由に賃金を下げ、人件費を節約できるのですから、これらの制度を利用しない理由はありません。

　こうした各制度の構造や労働者、会社の考えが上手くかみ合うことで、これまで、定年後、労働者を再雇用する際に賃金を大きく引き下げるという雇用管理は成立し、そして、続いてきました。

在職老齢年金及び高年齢雇用継続基本給付金を前提に、60 歳の再雇用時に賃金を調整した例（昭和 28 年 4 月 1 日以前生まれの男性の場合）

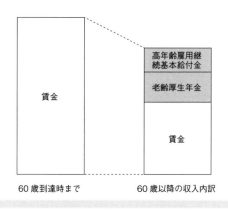

しかし、平成 25 年より、老齢厚生年金の報酬比例部分の支給開始年齢が 60 歳から 65 歳に順次引き上げられ始めると、状況は大きく変わります。

支給開始年齢の引上げにより、60 歳から年金がもらえなくなると、60 歳の定年退職の段階で賃金を引き下げた場合、高年齢雇用継続基本給付金はもらえても、老齢厚生年金の報酬比例部分がもらえるまでに最低でも 1 年以上の期間が空くようになったからです。

在職老齢年金及び高年齢雇用継続基本給付金を前提に、60 歳の再雇用時に賃金を調整した例（昭和 30 年 4 月 2 日～昭和 32 年 4 月 1 日生まれの男性の場合）

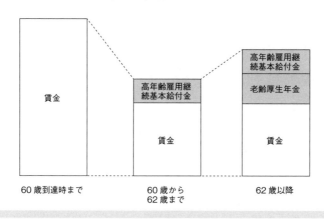

つまり、昭和28年4月1日以前に生まれた人たちは60歳から65歳までの生活を「賃金と年金と高年齢雇用継続基本給付金」の三本柱で生活を支えられたのが、昭和28年4月2日以降に生まれた労働者は、老齢厚生年金の報酬比例部分がもらえるまでの間は、賃金と高年齢雇用継続基本給付金の2つしか柱がない、という状況になってしまったわけです。

よって、昭和28年4月1日以前に生まれた労働者と同じように60歳の定年で再雇用し、賃金を大きく下げる、というのは昭和28年4月2日生まれ以降の労働者にとっては収入の減少が大きくなることを意味します。

当然、このような扱いに不満を抱く定年後再雇用者は少なくありません。

その不満が1つの形となって現れたのが、次で解説する長澤運輸事件です。

5　長澤運輸事件最高裁判決

(1)　日本の雇用慣行を肯定した長澤運輸事件最高裁判決（平成 30 年 6 月 1 日判決）

　長澤運輸事件とは、定年後に再雇用され嘱託社員となったトラック運転手の男性 3 人が、他の正社員と業務等が同じにもかかわらず、正社員と定年後再雇用者とで賃金に相違があるのは労働契約法に違反するとして勤務先の会社を訴えたものです。

　本判決が出た当時は、ちょうど同一労働同一賃金の法制化を含む働き方改革関連法の成立が大詰めの時期であり、最高裁の判断に注目が集まっていました。

　最高裁は、正社員と定年後再雇用者の間の賃金の相違について、それが不合理と認められるかどうかを判断するにあたって、支給に相違のあったそれぞれの賃金項目ごとに、その判断を行いました。

◆ 長澤運輸事件で判断された支給に相違のあった賃金項目

```
1.　能率給
2.　職務給
3.　精勤手当
4.　住宅手当
5.　家族手当
6.　役付手当
7.　超勤手当（時間外手当）
8.　賞　与
```

　そして、各賃金項目における正社員と定年後再雇用者の待遇差に関

しては、それが不合理かどうかの判断を行う根拠として、本件が争われていた当時の労働契約法20条で定められていた、以下の3つの要件を用いました。

---

1. 職務内容（業務内容・責任の程度）
2. 職務内容・配置の変更範囲（いわゆる「人材活用の仕組み」）
3. その他の事情

最高裁は判決の中で、正社員と定年後再雇用者との間で「職務内容並びに当該職務内容及び配置の変更の範囲において相違はない」としました。つまり、上記のうち1. と2. について相違はないと判断したわけです。

にもかかわらず、本件では支給に相違のあった手当等のうち「精勤手当」「超勤手当（時間外手当）」を除くすべての項目で不合理とは認められないとの判断を示しました。これは最高裁が正社員と定年後再雇用者の賃金の相違について「職務の内容」「人材活用の仕組み」だけでなく、「その他の事情」を考慮したためです。

判決の中で、最高裁は定年制自体を「賃金コストを一定限度に抑制するための制度」とし、一定の要件を満たせば老齢厚生年金の支給も受けることができることから、「その他の事情」として考慮される事情になり得るとしています。

そして、個別の賃金項目については、定年後再雇用された労働者に「能率給」「職務給」の2つが支払われていないことについては「老齢厚生年金」が受けられること、さらには「老齢厚生年金」の支給が開始されるまで2万円の調整給が支払われていたことを理由に不合理ではないとしました。

また、「住宅手当」「家族手当」については家族の扶養や生活費の補助を理由とする手当であるものの、定年後再雇用された労働者に関しては現役世代ほど必要性がないことや、やはり「老齢厚生年金」の支給を受けられることを理由に、支給がないことは不合理ではないとし

ています。

　「役付手当」については役付者でない以上、支給しないことは不合理と認められるものではないとしています（ちなみに本件での労働者側は「役付手当」を年功給であるから支給せよと、かなり無茶な主張をしていました）。

　最後の「賞与」については、すでに定年の際に「退職金」を受けていること、「老齢厚生年金」の支給を受けられること、他の手当の不支給を含めても、賃金の総額は定年退職前の79％程度であることを理由に、不合理と認められるものではないとしています。

　その他、本件の判断全体に影響を与えたこととして、定年後再雇用者の待遇を決定するにあたって繰り返し団体交渉、つまり、労使間での協議が行われていることも踏まえておく必要があります（調整給の2万円は団体交渉により決定されたもの）。

　一方で、不合理と認められるとされた「精勤手当」については、定年前と定年後で職務内容が同一である以上、両者の間で「必要性に相違はない」との判断をしています（超勤手当（時間外手当）については、その計算基礎に精勤手当を含んでいなかったため、原審に差戻し）。

支給項目	最高裁の判断	主な理由
能率給	不合理性を否定	・老齢厚生年金の支給を受けることが予定されている
職務給	不合理性を否定	・老齢厚生年金の支給が開始されるまで2万円の調整給が支給される
精勤手当	不合理性を肯定	出勤を奨励する趣旨で支給される精勤手当は、定年前と定年後の職務内容が同一である以上、両者の間で精勤手当の必要性に相違がない
住宅手当	不合理性を否定	正社員について住宅費及び家族を扶養するための生活費を補助することには相応の理由がある一方、定年後再雇用者には老齢厚生年金や調整給が支給されるといった事情を総合考慮
家族手当	不合理性を否定	
役付手当	不合理性を否定	役付手当は年功給との主張だが、役付者に支給されるものであるため、役付者以外に支払われないのは不合理とはいえない
超勤手当（時間外手当）	原審に差戻し	正社員の超勤手当（時間外手当）の計算基礎には精勤手当が含まれる一方、嘱託社員の時間外手当の計算基礎には精勤手当が含まれていない
賞　与	不合理性を否定	・老齢厚生年金の支給を受けることが予定されている ・老齢厚生年金の支給が開始されるまで2万円の調整給が支給される ・年収ベースの賃金が定年退職前の79%程度である ・定年退職にあたり、退職金の支給を受けている

（2）　長澤運輸事件最高裁判決が使えなくなる 可能性

　本件は判決全体で見ると、老齢厚生年金がもらえることを理由に、定年後再雇用の際に賃金を引き下げるという、これまでの雇用慣行を概ね肯定したものといえます。

　ただし、本判決は働き方改革による同一労働同一賃金が法制化される前のものであり、本件で争点となった労働契約法20条は、働き方改革関連法の改正により、大企業では令和2年4月、中小企業では令和3年4月より削除されます。とはいえ、削除された労働契約法20条の内容は、同じく働き方改革関連法によって改正されたパートタイム・有期雇用労働法8条に統合されています。そのため、法改正後であっても、本判決には有効な部分が十分にあると考えられます。

　では、定年後再雇用を理由に賃金を引き下げるという労務管理は、この判決によって安泰になったかというと、これには疑問符が付きます。なぜならば、本件で定年後再雇用者に対する賃金の引下げが不合理ではないとされた理由に「老齢厚生年金の支給を受けられること」が挙げられていたからです。老齢厚生年金の支給が受けられるから賃金を引き下げることもある程度許容されるということは、その支給が受けられなくなれば、当然、賃金を引き下げることは不合理とされる可能性が高まります。

　そして、男性は令和7年度以降、女性は令和12年度以降、老齢厚生年金の支給開始年齢は原則、65歳となります。つまり、それ以降は本判決を根拠に定年後再雇用者の賃金を引き下げることは難しくなると考えられるわけです。

　また、これは本件のように定年前と定年後で職務内容及び人材活用の仕組みに相違がない場合に限定されますが、改正後のパートタイム・有期雇用労働法施行後では、本件のような定年後再雇用者は改正後の8条ではなく9条（本書75ページ参照）が適用される可能性が

あり、そうなると、今後は本件と同様の条件であっても司法が異なる判断を下す可能性があります。

　これらに加えて、政府はこれまでの雇用慣行に基づく定年後の雇用管理に否定的、ないしは、政府が目指す70歳までの就業確保の障害とみているふしがあり、それは、令和2年通常国会で行われた複数の法改正の内容からも透けて見えます。

　そのため、次章では、令和2年通常国会で改正された定年後再雇用者に関連する法改正の解説を行っていき、それをもとに定年後再雇用者の労務管理の今後の展望を解説していきます。

第 2 章

激変する高年齢労働者関連の法制度

1 令和2年通常国会における 高年齢労働者に関する法改正

　本章では令和2年通常国会にて改正が行われた、高年齢労働者に関する法改正の内容について見ていきます。

　令和2年の通常国会では「年金制度の機能強化のための国民年金法等の一部を改正する法律」（令和2年5月29日成立、6月5日公布）、「雇用保険法等の一部を改正する法律」（令和2年3月31日成立、公布）が成立、公布され、高年齢労働者の働き方や暮らしに大きな影響を与える制度改正がいくつも行われました。その中には、会社の労務管理、特に定年を理由に賃金を大きく引き下げる雇用管理に大きな影響を与えるものも含まれており、今後の高年齢労働者の雇用管理を進める上で、きちんと内容を把握しておく必要があるものばかりとなっています。

（1）　社会保険の加入対象の拡大

　現行の社会保険制度では、各事業所が特定適用事業所に該当するか否かで、その会社で雇用される労働者、特に短時間で働く非正規の労働者の社会保険の加入条件が変わります。

　特定適用事業所とは、社会保険の被保険者の数が501人以上の会社、もしくは任意で特定適用事業所の申出をした会社のことをいいます。

　今回の改正では、社会保険の加入対象の拡大のため、この特定適用事業所の範囲が拡大されています。

　具体的には、特定適用事業所の被保険者の人数要件に手が加えられており、これまでの501人以上が、令和4年10月1日から101人以

上、令和 6 年 10 月 1 日から 51 人以上と、段階的に引き下げられる予定です。

◆ 特定適用事業所の被保険者の人数要件

令和 4 年 9 月 30 日まで：501 人以上
↓
令和 4 年 10 月 1 日以降：101 人以上
↓
令和 6 年 10 月 1 日以降：51 人以上

では、特定適用事業所であるかそうでないかで、社会保険の加入条件にどのような違いがあるかというと、具体的には以下のとおりです。

特定適用事業所	1. 1 週間の所定労働時間が 20 時間以上 2. 月額賃金 8.8 万円以上 3. 1 年以上継続して雇用される見込みがある（令和 4 年 10 月の改正法施行で削除） 4. 学生でない 以上のすべての要件を満たす場合
特定適用事業所以外	1 週の所定労働時間及び 1 カ月の所定労働日数が通常の労働者の 4 分の 3 以上

特定適用事業所のほうが様々な条件がついているものの、週の所定労働時間の下限が低いことから、基本的に、そうでない会社よりも、労働者目線で見ると社会保険には加入しやすくなっています。

また、現行の特定適用事業所で雇用される短時間労働者の社会保険の加入条件の 1 つに、「1 年以上継続して雇用される見込みがある」というものがありますが、こちらの規定は令和 4 年 10 月の改正法施行の際に削除されます。ただし、適用除外との関係から、実質的には

「2 カ月を超えて使用される見込み」がある場合でないと、社会保険に加入することはできません。

　第 1 章で見た在職老齢年金が適用されるのは、あくまで社会保険に加入している労働者に対してです。そのため、在職老齢年金の適用を避けるため、定年後再雇用を機に、社会保険に加入しない範囲で働く、という高年齢労働者はこれまで少なからずいました。

　しかし、特定適用事業所でそうした働き方をしようとすると、労働時間を 20 時間未満にするか、月額賃金を 8.8 万円未満にする必要があります。しかし、月額賃金を 8.8 万円未満にするとなると、よほど年金額が多くない限り、そもそも在職老齢年金の対象にならなかったり、なったとしても減額される額はわずかとなります。一方、労働時間を 20 時間未満にして月額賃金を 8.8 万円以上にする場合、社会保険だけでなく、雇用保険にも加入できなくなります。

　以上のことから、特定適用事業所の範囲が拡大されると、今後はこうした働き方ができる高年齢労働者はかなり限られてくるであろうことが予想されます。

(2)　60 歳台前半の在職老齢年金制度の見直し

　21 ページで見たとおり、在職老齢年金は 60 歳台前半（低在老）と 65 歳以後（高在老）で制度が異なっていますが、今回の厚生年金保険法の改正により、高在老に合わせる形で制度が統一されることになりました。

　在職老齢年金では基本月額（老齢厚生年金の年金額を 1 月に換算した額）と標準報酬月額相当額（月々の賃金額と年間の賞与額を月割りにしたものの合計）の合計が、低在老の場合は 28 万円（※）、高在老の場合は 47 万円（※）を超えると、年金額の調整の対象となっていました。しかし、法改正後は 60 歳台前半であっても、基本月額と標準報酬月額相当額の合計が 47 万円を超えるまでは年金額の支給調整

の対象とはならないわけです。

　このような改正が行われた理由として厚生労働省の社会保険審議会年金部会は「就労に与える影響が一定程度確認されていること」「令和12年度まで支給開始年齢の引上げが続く女性の就労を支援すること」「制度をわかりやすくすること」といった点を挙げています。

　また、実質的な年金額の引上げとなる本改正ですが、男性の場合は令和7年度以降、女性の場合は令和12年度以降、原則、60歳台前半の老齢厚生年金が支給されなくなるため、財源への影響は軽微であるともしています。

　この改正の施行は令和4年4月1日からとなります。

（※）金額は令和3年度のもの。金額は毎年度1万円単位で見直しが行われる。

（3）　在職定時改定の導入

　現行の制度では老齢厚生年金の額は、特別支給の老齢厚生年金の受給権を得たときに決定され、その後、本来の老齢厚生年金の受給権を得たときに改めて裁定されます。また、年金受給者が70歳になったときや退職により厚生年金の被保険者資格を喪失したときにも改定が行われます。

　今回の改正では、これらに加え、65歳以上の老齢厚生年金の受給権者かつ被保険者について、毎年1回の在職定時改定が導入されることとなります。

　在職定時改定では毎年9月1日を基準日とし、基準日に被保険者である年金の受給権者について、基準日の属する月前の被保険者であった期間、つまり、8月までの期間を計算の基礎とし、基準日の属する月の翌月、つまり、10月分の年金から年金額を改定します。

　本制度は社会保険に加入していることが前提の制度であるため、基

準日の時点で資格を喪失している人は対象となりませんが、一方で、基準日前に社会保険の資格を喪失し、その後、再び資格を取得した場合、つまり、基準日を挟んで資格の喪失、取得を行った場合、喪失から取得までの期間が1カ月以内であれば在職定時改定の対象となります。また、基準日に被保険者資格を取得した場合については在職定時改定の対象とはなりません。

　在職定時改定の対象者は、必ず社会保険料を納める被保険者であるため、在職定時改定の際に、年金額が上がることはあっても下がることはありません。実際、厚生労働省の資料では標準報酬月額10万円で1年間就労した場合は年7,000円（月500円）程度、標準報酬月額20万円の場合は年13,000円（月1,100円）程度の加算があると試算しています。

　そのため、本制度導入後はこれを踏まえた賃金設定を行わないと、いつの間にか在職老齢年金の支給停止基準額に達していた、ということが起こり得るので注意が必要です。

　この改正の施行は令和4年4月1日からとなります。

◆在職定時改定イメージ

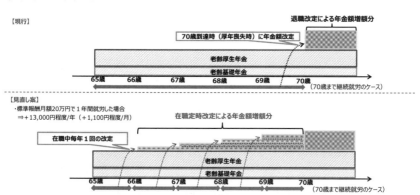

出典：第15回社会保障審議会年金部会　資料2　年金制度改正の検討事項

（4）　繰下げ受給の年齢上限が75歳に

　今回の改正で年金の繰下げ受給の上限年齢が現行の70歳から75歳に引き上げられます。これにより、現在、繰上げ受給もしくは繰下げ受給により、60歳から70歳の間で選択することができる年金の受給開始時期の幅が60歳から75歳の間に拡大されます。

　これと併せて、政令で定める繰上げ時の減額率についても、1カ月当たりの減額率が0.5％から0.4％に変更が行われる予定です。これは平均余命の伸びに合わせてのものです。

　一方、繰下げ時の増額率については1カ月当たり0.7％と変更はありません。ただし、75歳まで上限が引き上げられたことにより、最大限まで繰下げを行った場合の増額率が42％（0.7％×60カ月）から84％（0.7％×120カ月）に引き上げられます。

　また、現行制度では70歳到達以降に繰下げ申出を行った場合、70歳時点で繰下げ申出があったものとして加算額の計算及び支給が行われます。例えば、73歳の時点で年金の請求をしておらず、繰下げの申出をした場合、70歳から73歳までの未支給だった年金分に、繰下げ受給60カ月分の増額率42％を加算した分が一括で支給されるほか、73歳からの年金分についても増額率42％が加算された年金分がもらえることになります。

　こうした扱いは繰下げ受給の上限が75歳に引き上げられた後も同様で、75歳到達以降に繰下げ申出を行った場合、75歳から繰下げ申出を行うまでの期間の年金分に84％の増額率が加算された分が一括で支給され、申出以降の年金にも84％の増額分が加算されます。

◆繰下げ受給の上限年齢の引上げ

〈現行（上限年齢70歳）〉

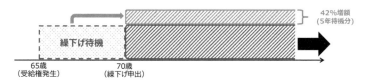

〈見直し案（上限年齢75歳）〉

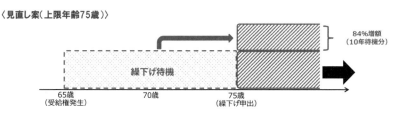

出典：第 15 回社会保障審議会年金部会　資料 2　年金制度改正の検討事項

　一方で、65 歳より後に年金を請求する場合、繰下げ申出をせずに、65 歳到達日まで遡って、65 歳到達時に請求をしていればもらえていたはずの年金をまとめてもらうこともできます。例えば、68 歳の時点で年金の請求をする場合で、繰下げ申出をしない場合、65 歳から 68 歳までの年金を一括でもらうことができるわけです。

　ただ、現行のままだと、70 歳より後に年金を請求する場合で、繰下げ申出をしなかった場合に困ったことが起こります。というのも、年金の請求権は時効が 5 年となっているからです。

　例えば、72 歳の時点で年金を請求する場合で、72 歳からの繰下げ申出を行わず、遡って過去の年金をもらいたいという場合、時効の関係で、67 歳までしか遡ることができません。つまり、70 歳以降に年金請求をする場合、繰下げ申出を行わないと、本来もらえたはずの年金の権利の一部が消滅してしまうことになるわけです。

　こうしたことを防ぐため、今回の改正では、70 歳以降に年金を請求し、請求時点における繰下げ受給を選択しない場合、年金額の算定にあたっては、請求の 5 年前に繰下げ申出があったものとして年金を

支給することとされました。

　例えば、72 歳の時点で年金請求する場合で、72 歳からの繰下げ申出を行わない場合、年金請求の時効の 5 年前である 67 歳まで遡って、67 歳から繰下げ申出があったものとして扱うということです。

　この改正の施行は令和 4 年 4 月 1 日からとなります。

◆ 70 歳以降に請求する場合の 5 年前時点での繰下げ制度

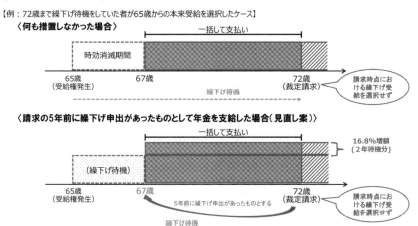

【例：72 歳まで繰下げ待機をしていた者が 65 歳からの本来受給を選択したケース】

〈何も措置しなかった場合〉

一括して支払い

時効消滅期間

65 歳（受給権発生）　67 歳　72 歳（裁定請求）

繰下げ待機

請求時点における繰下げ受給を選択せず

〈請求の 5 年前に繰下げ申出があったものとして年金を支給した場合（見直し案）〉

一括して支払い

16.8％増額（2 年待機分）

（繰下げ待機）

65 歳（受給権発生）　67 歳　72 歳（裁定請求）

5 年前に繰下げ申出があったものとする

繰下げ待機

請求時点における繰下げ受給を選択せず

出典：第 15 回社会保障審議会年金部会　資料 2　年金制度改正の検討事項

（5）　確定拠出年金の加入可能年齢の見直し

　確定拠出年金には企業型と個人型の 2 つがありますが、今回の改正では、いずれの制度においても、制度に加入可能な年齢の見直しが行われています。

　まず、企業型確定拠出年金についてですが、現行の加入要件は 65 歳未満の厚生年金の被保険者とされています。これが、今回の改正により 70 歳未満に変更されます。これにより厚生年金の被保険者であれば、企業型確定拠出年金に加入できるようになります。

　また、個人型確定拠出年金（iDeCo）の現行の加入要件は、60 歳未満の国民年金被保険者とされています。こちらについても、改正法施行後は国民年金被保険者であれば加入が可能となります。具体的には以下のとおりです。

　1.　第 1 号被保険者：60 歳未満
　2.　第 2 号被保険者：65 歳未満
　3.　第 3 号被保険者：60 歳未満
　4.　任意加入被保険者：保険料納付済期間等が 480 月未満の者は任意加入が可能（65 歳未満）

　この改正の施行は令和 4 年 5 月 1 日からとなります。

（6）　確定拠出年金及び確定給付企業年金の受給開始時期等の選択肢の拡大

　今回の改正では、確定拠出年金の受給開始時期及び、確定給付企業年金の支給開始時期についても見直しが行われています。

　まず、確定拠出年金の受給開始時期については、現行では 60 歳から 70 歳の間で個人が選択可能となっていますが、法改正後は、公的年金の見直しに合わせて上限年齢が 75 歳まで引き上げられます。こちらの改正は令和 4 年 4 月 1 日からの施行となります。

　一方、確定給付企業年金の支給開始時期については、現行では 60 歳から 65 歳の範囲で会社が規約で設定可能となっていますが、法改正後はより柔軟な制度運営を可能とするため、規約で設定可能な範囲が 70 歳にまで引き上げられます。こちらは改正法公布の日（令和 2 年 6 月 5 日）からの施行となります。

（7）　高年齢雇用継続給付の縮小

　高年齢雇用継続給付は将来的には廃止が予定されています。そして、今回の改正ではその前段階として、令和7年4月1日より高年齢雇用継続給付を縮小する法改正が行われました。

　この改正により、改正法施行後は「60歳到達時の賃金と比較して、60歳以降の賃金が64％未満の場合、支払われた賃金の10％」が給付金の額となります。現行の高年齢雇用継続給付は「60歳到達時の賃金と比較して、60歳以後の賃金が61％未満の場合、支払われた賃金の15％」が給付金額となっているので、現行の給付の約3分の2まで額が抑えられることになります。賃金額が増えると給付金の額が逓減するのは現行法と同じです。

　高年齢雇用継続給付には高年齢雇用継続基本給付金と高年齢再就職給付金の2つがありますが、額の計算方法はどちらも同じです。

（8）　65歳以上の複数就業者の雇用保険加入

　雇用保険は1つの事業所でしか加入できず、また、雇用保険の加入の条件である「週所定労働時間20時間以上」については、複数の事業所で働く労働者であっても、単体の事業所で満たす必要があります。そのため、複数の事業所で雇用されて働く労働者で、雇用されている事業所のいずれにおいても週所定労働時間が20時間に満たない場合、雇用保険に加入できないという問題がありました。

　今回の雇用保険法の改正では、こうした問題の解決のため「65歳以上」の労働者に限り、以下の条件をすべて満たす場合、複数の雇用保険の適用事業に雇用されている場合でも雇用保険に加入できるようになりました。

> ・年齢が 65 歳以上で複数の雇用保険の適用事業に雇用されている
> ・雇用されているいずれの適用事業の週所定労働時間も 20 時間未満
> ・複数の適用事業のうち、2 つの事業の労働時間を合算すると週所定労働時間が 20 時間以上

　労働時間の合算にあたっては、雇用保険が非適用の事業所での労働時間や、極端に労働時間が短い事業所での労働時間（合算できるのは省令で週5時間以上と定められる予定）については合算することができません。加えて、3つ以上の適用事業に雇用されている場合で、いずれも週所定労働時間が20時間未満であっても、合算の際はそのうちの2つの事業の労働時間しか合算できません。これは事務手続の負担を抑えるためです。

　また、65歳以上の複数就業者が雇用保険に加入する場合、労働者側から事業主にその申出をしなければなりませんが、会社はその申出をしたことを理由に、当該労働者に対して解雇その他不利益な取扱いをしてはならないとされています。

　今回の改正で、複数就業者の雇用保険加入が65歳以上の労働者に限定されている理由は、複数就業者の雇用保険の加入について、まずは65歳以上の労働者を対象にその効果を検証するためとしています。つまり、将来的には65歳未満の労働者についても同様の扱いとなる可能性があるわけです。

　この改正は令和4年1月1日からの施行となります。

(9)　高年齢者就業確保措置の努力義務化

　18ページでみたとおり、高年齢者雇用安定法では高年齢者（ここでは特に高年齢者雇用安定法上で定義されているものを指しており、「55歳以上」とされている）の65歳までの安定した雇用を確保する

ため、事業主に高年齢者雇用確保措置を実施することを義務づけています。

　今回の高年齢者雇用安定法の改正では、これに加えて、65歳から70歳までの安定した雇用または就業を確保するための「高年齢者就業確保措置」の実施を、事業主の努力義務として追加しました。ただし、高年齢者雇用確保措置の時点で高年齢者就業確保措置と同等か、またはそれ以上の措置をすでに実施している事業主についてはこの限りではありません。

　改正法で定められる高年齢者就業確保措置とは以下のとおりです。

1.　当該定年の引上げ
2.　65歳以上継続雇用制度（現に雇用している高年齢者等が希望するときは、当該高年齢者をその定年後等に引き続いて雇用する制度をいう。）の導入
3.　当該定年の定めの廃止
4.　創業支援等措置の実施

　上記のうち1.、2.、4. については高年齢者の70歳までの雇用または就業を確保するものである必要があります。

　また、2. の65歳以上継続雇用制度については、65歳以降もその会社で継続雇用する制度以外に、65歳以降の高年齢者を、特殊関係事業主（グループ会社の事業主）、または、それ以外の他の事業主が引き続いて雇用する制度も認められます。

　創業支援等措置とは、雇用という形ではなく、フリーランス化もしくは起業した高年齢者と委託契約等を結んだり、会社もしくはその他法人が実施する社会貢献事業に参加させたりすることで、当該高年齢者の就業を確保する措置をいいます。

　高年齢者就業確保措置についての解説は第5章で詳しく行います。

2 令和2年通常国会改正内容の まとめ

（1） 70歳就業の時代へ

　令和2年通常国会での高年齢労働者に関する法改正には2つの方向性がありました。

　1つは65歳以降の働き方の幅を広げ、70歳就業を目指すというものです。

　高年齢者雇用安定法の改正では「高年齢者就業確保措置」として、65歳以降の就業を希望する労働者に対して、70歳までの就業を確保するため、一定の措置の実施が会社に努力義務として追加されました。今回の改正ではあくまでも努力義務とされていますが、過去の法改正の歴史を踏まえれば、遠くない将来、義務化されるのは明らかです。

　また、各種年金制度の改正では、年金の繰下げ受給の上限が75歳になったり、確定拠出年金及び確定給付企業年金の受給開始時期の年齢の上限が引き上げられたりするなど、65歳以降の労働者の年金と働き方の関係の幅を広げるものとなっています。加えて、在職定時改定の導入については、65歳以降も働き続けることを選択した労働者が、その効果を実感しやすいものとすることで、65歳以降も働きたいと思う高年齢労働者を増やすねらいがあるとみられます。

　このように、高年齢者就業確保措置によって会社に70歳までの雇用や就業を促す一方で、年金制度においては高年齢労働者側が65歳以降も働きたいと思うような改正が行われており、政府が70歳就業を意図していることは明白といえます。

　65歳以上の複数就業者の雇用保険加入についてはどちらかという

と、副業・兼業の推進という側面が大きいですが、それでも 65 歳以降の働き方の幅を広げるものであることに変わりありません。

(2) 「定年で賃金引下げ」から「定年後再雇用者の同一労働同一賃金」の時代へ

　そして、もう 1 つの方向性が、これまで慣例的に行われてきた定年後再雇用者の労務管理に対する制限です。

　特に、在職老齢年金の制度統一は、今後の定年後再雇用者の労務管理に大きな影響を与えることが予想されます。

　60 歳台前半の在職老齢年金の場合、これまでは月々の年金額と賃金額（基本月額と標準報酬月額相当額）が 28 万円を超えると年金の支給調整の対象となっていました。月々の年金額と賃金額の合計が28 万円、というのはハードルとしてはかなり低く、実際、厚生労働省の推計では、60 歳台前半で働きながら年金をもらう人の約 55％が支給調整の対象となっているとしています。

　それもあり、これまでは、労働者が定年を迎えた際、「年金額を減らさないため」という謳い文句のもと、賃金を引き下げるというのが普通でした。

　しかし、支給調整の対象が 47 万円からとなると、そもそもその額を超えられる人は限られてきます。こちらも厚生労働省の推計となりますが、支給調整の対象を 47 万円とした場合、支給調整の対象となるのは 60 歳台前半で働きながら年金をもらう人の約 17％ほどであるとしています。

　こうしたことから、在職老齢年金の制度統一が行われる令和 4 年 4月 1 日以降は、老齢厚生年金がもらえることを理由に、賃金額を引き下げることを労働者に納得してもらうのは困難になることが予想されます。賃金を引き下げなくても老齢厚生年金を全額もらえる人が多数となるからです。

◆60〜64歳の在職老齢年金制度（低在老）

【60〜64歳の在職老齢年金制度（低在老）】(2019年度末推計)

(※1) 対象者数に、第2〜4号厚生年金被保険者期間のみの者は含まれていない。
(※2)「基本月額」が全額支給停止となる人数であり、在職老齢年金制度による支給停止の対象とならない繰り上げた基礎年金を受給している者を含んでいることに留意が必要。

	見直し内容・考え方	支給停止対象者数 （2019年度末時点） (※1)	うち全額支給停止の 対象者数 (2019年度末時点)(※2)	支給停止対象額 (2019年度末時点)
現行	基準額は28万円 ・夫婦2人の標準的な年金額相当を基準として設定。	約67万人 (在職受給権者の55%)	約28万人 （約23%）	約4,800 億円
見直し案	基準額を47万円に引上げ ・現役男子被保険者の平均月収（ボーナスを含む。）を基準として設定。（高在老と同じ）	約21万人 (在職受給権者の17%)	約10万人 （約8％）	約1,800 億円

出典：第15回社会保障審議会年金部会　資料2　年金制度改正の検討事項

　また、まだ少し先ですが、高年齢雇用継続給付の縮小、廃止についても見逃せません。というのも、定年を機に賃金を引き下げる際は、高年齢雇用継続給付が最大限もらえる額の上限となる、定年前の賃金の6割前後とすることが多いからです。しかし、法改正で高年齢雇用継続給付が縮小、廃止されるとなると「定年前の賃金の6割前後」という基準の根拠は薄れることになります。

令和2年6月5日	確定給付企業年金の支給開始時期の拡大
令和3年4月1日	高年齢者就業確保措置の努力義務化
令和4年1月1日	65歳以上の複数就業者の雇用保険加入
令和4年4月1日	60歳台前半の在職老齢年金制度の見直し 在職定時改定の導入 繰下げ受給の年齢上限が75歳に 確定拠出年金の受給可能時期の上限の引上げ
令和4年5月1日	確定拠出年金の加入可能年齢の見直し
令和4年10月1日	社会保険の加入対象の拡大（101人以上）
令和6年10月1日	社会保険の加入対象の拡大（51人以上）
令和7年4月1日	高年齢雇用継続給付の縮小

（3） 求められる定年後再雇用者の 同一労働同一賃金

ただ、定年、再雇用を機に賃金額を引き下げる、ということが全くできなくなるわけではありません。

契約を結び直す際に、これまでと働き方が全く変わらないのに賃金だけを引き下げることが困難になったとしても、再雇用、すなわち契約の結び直しによって労働条件を変更すること自体ができなくなるわけではないからです。

例えば、再雇用の際に、賃金だけでなく働き方も変更するのであれば、それは「同一労働同一賃金」の観点からも認められる余地が生まれます。具体的にいうと、賃金額を引き下げる代わりに労働時間を減らす、役職を外すので役職手当をなくす、といった形であれば、定年後再雇用を機に賃金を引き下げたとしても問題はないわけです。もちろん、定年を理由に必ずしも賃金額を引き下げる必要はありませんが、その場合でも、定年後再雇用を機に働き方を変更するのであれば、日本型の同一労働同一賃金の考え方への理解を欠かすことはできません。

つまり、今後の定年後再雇用者の労務管理を考える上では同一労働同一賃金は避けて通れないといえます。

次章では同一労働同一賃金そのものの解説に加え、定年後再雇用者の同一労働同一賃金特有の問題等についても解説を行っていきます。

第3章

同一労働同一賃金と
定年後再雇用者

1　同一労働同一賃金とは

（1）　日本版同一労働同一賃金

　同一労働同一賃金とは、同じような仕事や職種に就くものは、その雇用形態、性別、人種や国籍等に関係なく、同じくらいの賃金が支払われるべきであるという考え方です。国際労働機関（ILO）では、ILO憲章の前文にて同一労働同一賃金を基本的人権の1つとして挙げています。

　ただし、働き方改革を機に日本の法律や指針等で定められることになった同一労働同一賃金は、こうした国際的な意味とは異なり、「日本版同一労働同一賃金」として分けて考える必要のあるものです。

　なぜなら、日本の法律が目指す同一労働同一賃金とはあくまで雇用形態による格差の是正に絞られているからです。雇用形態による格差是正とは、要するに「正規と非正規の格差是正」のことであり、はっきりいってしまうと日本での「同一労働同一賃金」は「正規と非正規の格差是正」のためのかけ声、スローガンに過ぎません。

　さらにいうと、あくまで「正規」と「非正規」の格差是正を目的としているため、正規同士、あるいは非正規同士で格差がある場合については、日本版同一労働同一賃金の対象とはなりません。

（2）　同一労働同一賃金と定年後再雇用者

　日本の雇用環境では、年々、非正規雇用者が増加していますが、その大きな要因は定年を迎えた高年齢労働者の非正規化です。定年後再雇用者の多くは、定年を機に再雇用される際、有期雇用契約を結ぶ非

正規雇用者となるからです。

　非正規というとフリーターや主婦のイメージがまだまだ根強いた
め、ピンとこない人もいるかもしれません。しかし、有期雇用契約を
結んだり、通常の労働者と比べて短時間で働いていたりするのであれ
ば、定年後再雇用者も非正規雇用者であることに変わりはありません。

　そして、日本版同一労働同一賃金の目的が「正規と非正規の格差是
正」である以上、定年後再雇用を機に労働時間を短縮したものや、雇
用契約を有期とした定年後再雇用者もまた日本版同一労働同一賃金の
対象であり、その適用を避けて通ることはできないのです。

2 同一労働同一賃金に反した場合のリスク

（1） これまでの「正規と非正規の格差是正」との違い

日本版同一労働同一賃金の目的である「正規と非正規の格差是正」については、働き方改革前からパートタイム労働法、労働者派遣法、労働契約法等の改正で幾度も試みられてきました。そして、平成30年の通常国会で行われた働き方改革関連法の改正もまた、まさにそうした過去の「正規と非正規の格差是正」政策の延長線上といえる内容でした。

一方で、働き方改革による同一労働同一賃金は、働き方改革前の「正規と非正規の格差是正」と明確に異なる部分もあります。

実は、これまでの「正規と非正規の格差是正」を目的とした指針では、両者の主な格差の要因となっている賃金について、その決定方法まで踏み込むということはほぼほぼありませんでした。

しかし、働き方改革関連法の改正に伴い作成された「短時間・有期雇用労働者及び派遣労働者に対する不合理な待遇の禁止等に関する指針」（平成30年厚生労働省告示第430号）、いわゆる「同一労働同一賃金ガイドライン」では、正規と非正規の賃金の決定方法について、賃金の項目ごとに、正規と非正規の賃金の格差が不合理とされるかどうかの基準について、かなり細かく言及されています。

ただし、同一労働同一賃金ガイドラインはあくまで指針です。また、本指針の根拠となっているパートタイム・有期雇用労働法及び労働者派遣法においても、同一労働同一賃金違反を刑事罰の対象とはし

ていません。そのため、仮に本ガイドラインに違反したとしても労働局の取締り対象になることはあまりないと考えられます。

(2)　低くなった労働者側のハードル

だとすると、なぜ働き方改革で同一労働同一賃金のために法律が改正され、同一労働同一賃金ガイドラインが作成されたのでしょうか。それは本ガイドラインを根拠に非正規の労働者が裁判やADR等で争うことを容易にするためです。

これまでの法律の内容でも、非正規の労働者が正規の労働者との不合理な格差を理由に会社を訴えるということは当然可能でした。その一方で、同一労働同一賃金ガイドラインができるまでは、正規と非正規の間にどのような格差、あるいはどれくらいの格差があると不合理と認められるのか、というのは非常に曖昧で、「会社のこの扱いは違法なのでは？」と労働者側が感じたとしても、余程裁判例等に詳しい人でもない限り、裁判で勝てるかどうかについて確信を持つことは非常に難しいものとなっていました。

しかし、本ガイドラインでは賃金の項目ごとに判断の根拠や具体例が記載されています。そのためガイドラインの内容と、非正規の労働者自身が置かれている状況を比較しやすくなりました。つまり、その分、労働者側はある程度、公算を持って会社と争うことができるようになったわけです。

もちろん、行政（厚生労働省）と司法（裁判所）は独立した機関であるため、行政の作成したガイドラインどおりの判断を司法がするとは限りません。しかし、本章の94ページ以降で解説する各種最高裁判決では、一部を除き、本ガイドラインを参考にしたと思われる判断が行われており、今後もこうした事例が続々と出てくることが予想されます。

このように、同一労働同一賃金の違反には、行政による取締りとは

全く異なるリスクがあり、会社として対応が必要なのは間違いありま
せん。

3 日本版同一労働同一賃金における正規と非正規

（1） 正規と非正規の定義

　「正規と非正規の格差是正」を目的とする日本版同一労働同一賃金ですが、では、ここでいう正規と非正規とはどういったものをいうのでしょうか。

　結論からいってしまうと、現行の法律で「正規」及び「非正規」の定義を定めている法律はありません。

　世間一般的に正規というと、年功序列や終身雇用を前提に、契約期間が無期、働き方も人事異動や配転などが無制限であることがその条件とされています。しかし、それは法律上定められているものではなく、こうした条件に当てはまらない労働者であっても、会社が「正規」や「正社員」と呼ぶことは何の問題もありません。

　また、非正規についても、正規同様、非正規自体を定義する法律はありません。

　ただ、その代わりといっては何ですが、一般的に非正規雇用の特徴とされる、労働時間が通常の労働者と比べて短いものや契約期間が有期であるもの、派遣契約を結ぶものをそれぞれ「短時間労働者」「有期雇用労働者」「派遣労働者」と定義しています。

　そして「短時間労働者」「有期雇用労働者」についてはパートタイム・有期雇用労働法で、「派遣労働者」については労働者派遣法で、該当する労働者を保護する様々な規定が定められています。実は同一労働同一賃金も、パートタイム・有期雇用労働法及び労働者派遣法に定められている規定をその根拠としています。

（2）　短時間・有期雇用労働者と通常の労働者

①　短時間・有期雇用労働者

　日本版同一労働同一賃金においては、先に挙げた「短時間労働者」「有期雇用労働者」「派遣労働者」を、正規との格差是正が必要な「非正規」としています。

　そのため、短時間労働者及び有期雇用労働者の同一労働同一賃金についてはパートタイム・有期雇用労働法で、派遣労働者の同一労働同一賃金については労働者派遣法で、同一労働同一賃金に関する規定を定めています。

　そして、パートタイム・有期雇用労働法も、労働者派遣法も、年齢によって特定の労働者の適用を除外するということはありません。よって、定年後再雇用者が、パートタイム・有期雇用労働法で定める短時間労働者もしくは有期雇用労働者に該当する限り、パートタイム・有期雇用労働法及び労働者派遣法の保護の対象となります。ただし、派遣については、定年まで正規で働いていた高年齢労働者が、定年後再雇用されたことを理由に派遣労働者となることはまず考えられないため、以降、本書で派遣労働者の同一労働同一賃金については解説を行いません。

　パートタイム・有期雇用労働法で定める短時間労働者、有期雇用労働者、短時間・有期雇用労働者の定義は以下のとおりです。

1. 短時間労働者：1週間の所定労働時間が、同一の事業主に雇用されていて同種の業務に従事する通常の労働者と比べて短い労働者
2. 有期雇用労働者：事業主と期間の定めのある雇用契約を締結している労働者
3. 短時間・有期雇用労働者：短時間労働者、有期雇用労働者及び短時間かつ有期雇用の労働者

② 通常の労働者

　日本版同一労働同一賃金における非正規とは「短時間・有期雇用労働者」のことですが、では、正規はというと「通常の労働者」というのがこれに当たります。

　通常の労働者とは、非正規の労働者と同一の事業主に雇用されている、事業主と期間の定めのない労働契約を締結しているフルタイム労働者のことをいいます。

　そして、通常の労働者については、総合職、一般職、限定正社員など様々な区分があるものの、日本版同一労働同一賃金においては、それらすべての通常の労働者と短時間・有期雇用労働者の待遇差を解消する必要があります。

4 　均等待遇と均衡待遇

（1）　労働条件等の相違と待遇差

　日本版同一労働同一賃金では、正規と非正規との間で基本給や手当等に待遇差（※）を設けることをいついかなるときも禁止しているわけではありません。正規と非正規との間には所定労働時間や所定労働日数のほか、職務内容や職責等、様々な相違があるのが普通であるため、その「相違」に応じた待遇差を設けることはある意味当然といえますし、そうした相違に応じた待遇差は日本版同一労働同一賃金でも認められています。

※　法律や政府の資料等では正規と非正規の待遇差については「待遇の相違」と呼ばれることが多いですが、それだと「労働条件等の相違」との区別が付きづらくわかりづらいので、本書では「待遇の相違」については単に「待遇差」と表記していきます。

（2）　均等待遇と均衡待遇

　とはいえ、労働条件等に相違があれば、どのような待遇差でも許されるわけではありません。労働条件等の相違とその待遇差は「釣り合って」いなければなりません。

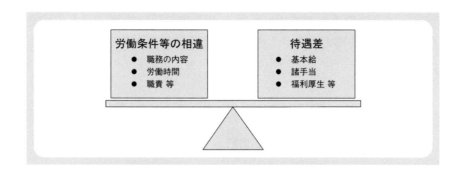

　では、労働条件等の相違と待遇差がどのようになっていれば問題ないのでしょうか。それを考える上で、そして、日本版同一労働同一賃金を考える上で非常に重要となるのが「均等待遇」と「均衡待遇」という考え方です。

> 均等待遇：前提条件が同一の場合、同一の取扱いをすること
> 均衡待遇：前提条件が異なる場合、その違いに応じた取扱いをすること

① 均等待遇

　均等待遇とは、前提条件が同一の場合は同一の取扱いをすることをいいます。

　例えば「役職に就く」ことを前提に役職手当を支払うなら、正規か非正規かといった雇用形態に関係なく同一の取扱い、つまり、役職手当を支払わなければならない、といったことがこの均等待遇に当たります。「役職に就く」ことを前提条件に役職手当を支払うのですから、その前提条件と関係のない、正規か非正規かといった雇用形態、業務の内容や職責、人材活用の仕組みの違いなどの労働条件の相違を理由に差を設けることはできないわけです。

　ただし、こうした場合でも、次で説明する均衡待遇の対象となる場合、両者に差を設けることが可能なことがあります。

　また、当然のことですが、正規と非正規の間に待遇差がある場合も、前提条件を満たさないものに対して均等待遇をする必要はありません。

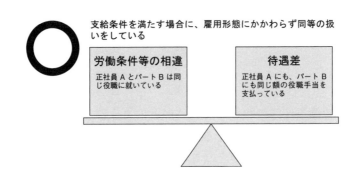

支給条件を満たす場合に、雇用形態にかかわらず同等の扱いをしている

労働条件等の相違	待遇差
正社員AとパートBは同じ役職に就いている	正社員Aにも、パートBにも同じ額の役職手当を支払っている

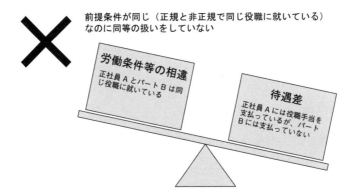

前提条件が同じ（正規と非正規で同じ役職に就いている）なのに同等の扱いをしていない

労働条件等の相違	待遇差
正社員AとパートBは同じ役職に就いている	正社員Aには役職手当を支払っているが、パートBには支払っていない

手当の支給理由と待遇差の間に関連性がない

労働条件等の相違	待遇差
正社員AとパートBは同様の業務を行っているが、人材活用の仕組みは異なる	正社員には通勤手当を支払って、パートには通勤手当を支払わない

② 均衡待遇

均衡待遇とは、前提条件が異なる場合にその相違に応じた取扱いをすることをいいます。

例えば、基本給について、正規と非正規で職務内容や人材活用の仕組みといった、基本給を決定する上で前提となり得る部分に相違がある場合に、その相違に応じた待遇差を設けることがこれに当たります。

また、所定労働時間や所定労働日数に相違がある場合に、所定労働時間や所定労働日数に比例して手当の額を増減させたり、所定労働日数に応じて通勤手当の支払方法を実費とするか定期代支給とするかを変えたりといった待遇差も、均衡待遇に含まれます。

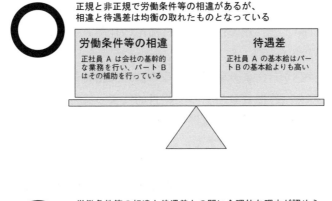

正規と非正規で労働条件等の相違があるが、
相違と待遇差は均衡の取れたものとなっている

労働条件等の相違	待遇差
正社員 A は会社の基幹的な業務を行い、パート B はその補助を行っている	正社員 A の基本給はパート B の基本給よりも高い

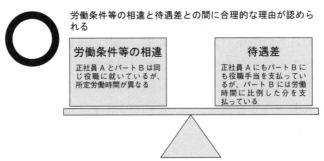

労働条件等の相違と待遇差との間に合理的な理由が認められる

労働条件等の相違	待遇差
正社員 A とパート B は同じ役職に就いているが、所定労働時間が異なる	正社員 A にもパート B にも役職手当を支払っているが、パート B には労働時間に比例した分を支払っている

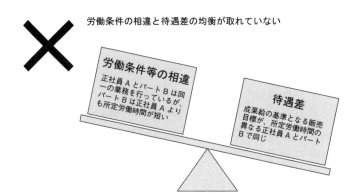

労働条件の相違と待遇差の均衡が取れていない

労働条件等の相違
正社員AとパートBは同一の業務を行っているが、パートBは正社員Aよりも所定労働時間が短い

待遇差
成果給の基準となる販売目標が、所定労働時間の異なる正社員AとパートBで同じ

③　前提条件

　均等待遇が必要か、均衡待遇が必要かは「前提条件」が同じかどうかで変わります。

　では、ここでいう前提条件とは何かというと、賃金項目や手当ごとの「支給目的」と、職務内容や人材活用の仕組みなどの「労働条件等の相違」です。

　この2つのうち、より重要となるのは「支給目的」のほうです。

　というのも、各種賃金項目の支給目的によっては「労働条件等の相違」と待遇差の間に何の関連性もない場合があるからです。

　例えば、「食事代を補助する」ことを支給目的とする食事手当の場合、職務内容や人材活用の仕組みが違うからといって「食事代を補助しなくてもよい」ということにはなりません。「通勤費用を補助する」目的で支給される通勤手当にしてもそうです。一方で、所定労働時間や所定労働日数の関係で食事する時間に会社に出勤しない場合（午前のみの出社や午後からの出社）や、勤務日数が正規と比較して少ないため、定期代ではなく実費相当を支給するといった扱いは「支給目的」と「労働条件等の相違」に関連性がある上、待遇差も不合理とはいえないため可能です。

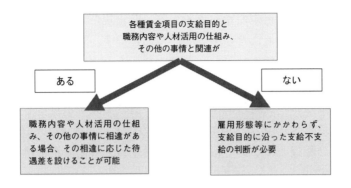

このように、均等待遇と均衡待遇の前提条件を考える場合、各種賃金項目の支給目的をはっきりとさせ、その上で、労働条件等の相違によって待遇差を設けることが不合理とならないかを考える必要があります。そして、当然ですが、支給目的が正規と非正規のどちらにも当てはまる場合で、労働条件等の相違がない、あるいはそうした相違が手当の支給に影響を与えない場合、正規と非正規で均等待遇が必要となります。

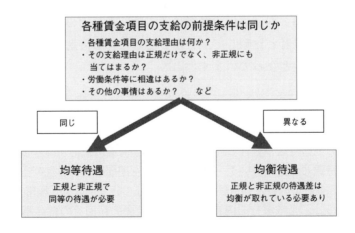

気をつけないといけないのは、日本の雇用慣行では、手当の支給目

的を深く考えず、正規だから支給する、非正規だから支給しない、という扱いをしていることが多いということです。しかし、こうした扱いは同一労働同一賃金において非常にリスクが高いといえ、どこの会社も第一に見直しを行うべき点といえます。

　各種賃金項目の支給目的に関しては、会社や賃金項目ごとに千差万別ということもあり、法律等で特に定めはありません。一方で、「労働条件等の相違」については、パートタイム・有期雇用労働法に定めがあります。

　よって、次項では、均等待遇及び均衡待遇の根拠となっているパートタイム・有期雇用労働法の8条及び9条を見ていきます。

（3）　パートタイム・有期雇用労働法と同一労働同一賃金

①　パートタイム・有期雇用労働法8条

　パートタイム・有期雇用労働法8条は「均等・均衡待遇」を定めた条文で、短時間・有期雇用労働者の基本給、賞与その他の待遇について、通常の労働者と比較して不合理と認められる待遇差を設けることを禁止する規定となっています。

（不合理な待遇の禁止）
第8条　事業主は、その雇用する短時間・有期雇用労働者の基本給、賞与その他の待遇のそれぞれについて、当該待遇に対応する通常の労働者の待遇との間において、当該短時間・有期雇用労働者及び通常の労働者の業務の内容及び当該業務に伴う責任の程度（以下「職務の内容」という。）、当該職務の内容及び配置の変更の範囲その他の事情のうち、当該待遇の性質及び当該待遇を行う目的に照らして適切と認められるものを考慮して、不合理と認められる相違を設けてはならない。

　前項でも解説したとおり、短時間・有期雇用労働者と通常の労働者との間に待遇差がある場合、その待遇差の根拠となる「労働条件等の相違」が必要です。では、正規と非正規の待遇差の根拠となり得る「労働条件等の相違」とはなにかというと、以下の3つとなります。

1.　職務内容（業務内容・責任の程度）
2.　職務内容・配置の変更範囲（いわゆる「人材活用の仕組み」）
3.　その他の事情

　つまり、短時間・有期雇用労働者と通常の労働者との間に待遇差がある場合で、上記の3つの項目に当てはまるような何らかの相違がある場合、その待遇差が相違に応じた範囲であれば、それは均衡の取れた待遇となり、問題はないということになります。一方で、そうした相違がない場合は均等待遇の考えから、待遇差を設けることはできません。仮に、正規と非正規の間に相応の相違がないにもかかわらず待遇差だけがあるという場合、その待遇差は不合理と判断される可能性が高くなります。また、待遇差が生じている賃金項目等の支給目的によっては、労働条件等の相違があっても待遇差を設けることは不合理と認められる可能性があります。

　上記の3つの項目のうち1. と2. については、通常の労働者と短時間・有期雇用労働者との間に相違があるかどうかを判断するためのチャート（次ページ）を厚生労働省が公表しているため、そちらを参考にするとよいでしょう。

　3. については、定年後再雇用者については、老齢厚生年金をもらえることなど、定年後再雇用者であること自体が、その他の事情となり得ます。また、定年後再雇用者に対象を絞らない場合、非正規から正規への登用制度の有無や、待遇を決定する際に労使間で協議が行われているかなどがこれに当たります。

◆厚生労働省が公表しているチャート

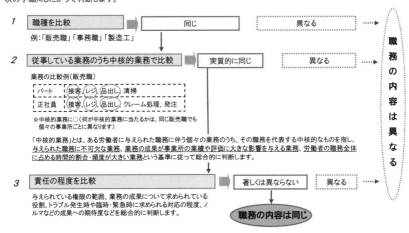

「職務の内容が同じ」かどうか

職務の内容とは、業務の内容及び当該業務に伴う責任の程度をいいます。職務の内容が同じかどうかについては、次の手順にしたがって判断します。

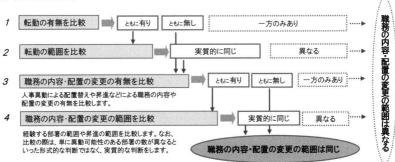

「職務の内容・配置の変更の範囲（人材活用の仕組みや運用など）が同じ」かどうか

通常の労働者とパートタイム・有期雇用労働者の職務の内容・配置の変更の範囲が同じかどうかについては、次の手順に従って判断します。

出典：リーフレット「パートタイム・有期雇用労働法の概要」（厚生労働省）

② パートタイム・有期雇用労働法9条

　実はパートタイム・有期雇用労働法8条だけでなく、パートタイム・有期雇用労働法9条もまた「均等待遇」について定めた条文となっています。

（通常の労働者と同視すべき短時間・有期雇用労働者に対する差別的取扱いの禁止）

第9条　事業主は、職務の内容が通常の労働者と同一の短時間・有期雇用労働者（第11条第1項において「職務内容同一短時間・有期雇用労働者」という。）であって、当該事業所における慣行その他の事情からみて、当該事業主との雇用関係が終了するまでの全期間において、その職務の内容及び配置が当該通常の労働者の職務の内容及び配置の変更の範囲と同一の範囲で変更されることが見込まれるもの（次条及び同項において「通常の労働者と同視すべき短時間・有期雇用労働者」という。）については、短時間・有期雇用労働者であることを理由として、基本給、賞与その他の待遇のそれぞれについて、差別的取扱いをしてはならない。

　このパートタイム・有期雇用労働法9条の内容ですが、本条では「通常の労働者と同視すべき短時間・有期雇用労働者」に対する基本給、賞与その他の待遇についての差別的取扱いを禁止しています。ここでいう「通常の労働者と同視すべき短時間・有期雇用労働者」とは、以下の2つの条件を満たす短時間・有期雇用労働者をいいます。

1.　職務内容が同一
2.　雇用の全期間にわたって人材活用の仕組みや運用などが同じ

　つまり、9条では「通常の労働者」と「通常の労働者と同視すべき短時間・有期雇用労働者」の差別的取扱いを禁止しているわけです

が、これは言い換えると、両者は上記の２つの前提条件が同じなのだから、基本給、賞与その他の待遇について、会社は差別的取扱いをすることなく「均等待遇」をしなければならないと定めていると理解することができます。

このように、確かに９条では「均等待遇」について定められているのですが、均等待遇の前提条件自体は上記の２つに限定されています。ただし、前提条件が限定されている分、９条は８条よりも厳しい条文となっており、９条の通常の労働者と同視すべき短時間・有期雇用労働者については、基本的に通常の労働者と同一の待遇が求められます。

とはいえ、これまでは、９条の対象となる労働者は上記の２つのどちらも満たす短時間労働者に限られていたため、非正規の労働者が本条の対象となることはあまりありませんでした。

しかし、令和２年４月（中小企業は令和３年４月）に改正パートタイム・有期雇用労働法が施行されたことにより、差別的取扱いの禁止の範囲は短時間労働者だけでなく有期雇用労働者にも拡大されています。そして、パートやアルバイトと比較して、契約社員の場合、上記の２つの条件を満たしている人の数は格段に多いと思われます。

前項で見たとおり、８条が適用される場合は、労働条件等の相違と待遇差が不合理と認められなければ同一労働同一賃金に反することはありません。極端な言い方をすると、たとえ、その待遇差が合理的でなくても不合理と認められなければよいということです。

一方、９条が適用される場合については「差別的取扱いをしてはならない」となるので、労使間で司法上の争いとなった場合、より厳しい判断が下る可能性が高まります。言い換えると、とある手当の支給不支給について８条が適用される場合であれば不合理ではないと判断されたものが、９条が適用されたことにより差別的取扱いであると判断される可能性があるということであり、注意が必要です。

ちなみに、８条で見たチャート（74ページ）で、「職務の内容」「職

務の内容・配置の変更の範囲」のいずれにおいても「（通常の労働者
と）同じ」となる場合、その短時間・有期雇用労働者は通常の労働者
と同視すべき短時間・有期雇用労働者に該当します。

(4)　まとめ

　均等待遇及び均衡待遇においては、各種賃金項目の支給目的が何で
あるかが重要になります。各種賃金項目の支給目的によっては、支給
条件を満たす限り、そもそも正規と非正規で待遇差を設けること自体
できないこともあるからです。

　一方で、賃金項目によっては、労働条件等の相違によって待遇差を
設けることが可能なものも多くあります。しかし、そうした場合で
あっても、労働条件等の相違と待遇差の均衡が取れていないと、労使
間で争いになった場合に、会社に不利な判断が出る可能性が高くなり
ます。

　そして、各種賃金項目の支給目的や、労働条件等の相違と待遇差の
関係について、具体的に考えるために重要となるのが、厚生労働省が
公表している「同一労働同一賃金ガイドライン」と、直近の同一労働
同一賃金に関する各種裁判例です。

　同一労働同一賃金ガイドラインでは、パートタイム・有期雇用労働
法8条及び9条の内容、つまりは均等・均衡待遇に関して、賃金項目
ごとに具体的に例示をしていますし、また、裁判例では実際の事例を
基に、賃金項目ごとの待遇差が労働条件の相違と比較して不合理かど
うかの判断を行っているからです。

　そのため、次項では、同一労働同一賃金ガイドラインについて、さ
らにその次の項では最新の裁判例について見ていきます。

5　同一労働同一賃金ガイドライン

（1）　同一労働同一賃金ガイドラインの特徴

　同一労働同一賃金ガイドラインでは、正式名称「短時間・有期雇用労働者及び派遣労働者に対する不合理な待遇の禁止等に関する指針」（厚生労働省告示第 430 号、平成 30 年 12 月 28 日）の名のとおり、通常の労働者と短時間・有期雇用労働者との間に待遇差が存在する場合に、その待遇差の前提となる相違との関係を踏まえながら、どのような待遇差が不合理で、どのような待遇差が不合理でないかについて、原則的な考えと具体例が示されています。

　また、ガイドラインでは、これまでの正規と非正規の格差是正を目的とした通達や、過去の基本方針、パンフレット等で曖昧にされていた基本給や昇給、賞与や諸手当といった、具体的な賃金項目にまで踏み込んでその具体例が示されており、会社側からも、そして、労働者側からも、どういった待遇差が不合理となり得るか、想像しやすいものとなっています。

　以下では、ガイドラインに記載のある賃金の支給項目等について、個別に解説していきます。

（2）　基本給

　日本の雇用慣行では様々な形で基本給が支払われています。ガイドラインではこのうち、労働者の職業経験・能力に応じて支給する「職能給」、労働者の業績に応じて支給する「成果給」、勤続年数や年齢に応じて支給する「年功給」について、その具体例が示されています。

　一方で、実際の基本給の実態としては、上に挙げた「職能給」「成果給」「年功給」その他の要素が混在している場合も少なくありません。これについてガイドラインでは「まずは、各事業主において、職務の内容や職務に必要な能力等の内容を明確化するとともに、その職務の内容や職務に必要な能力等の内容と賃金等の待遇との関係を含めた待遇の体系全体を、短時間・有期雇用労働者及び派遣労働者を含む労使の話合いによって確認し、短時間・有期雇用労働者及び派遣労働者を含む労使で共有することが肝要である。」としています。つまり、基本給に関する賃金体系について不明確な部分を明確化し、それを労使で共有すべきとしているわけです。

　いずれにせよ、基本給については「職務内容」「人材活用の仕組み」によって決定される傾向が強く、これらの労働条件が異なることの多い正規と非正規にあっては、均等待遇よりも均衡待遇を求められることが多くなるのは間違いありません。

◆ ガイドラインの記載内容

職能給	労働者の能力又は経験に応じて支給するものについて、通常の労働者と同一の能力又は経験を有する短時間・有期雇用労働者には、能力又は経験に応じた部分につき、通常の労働者と同一の支給をしなければならない。また、能力又は経験に一定の相違がある場合においては、その相違に応じた支給をしなければならない。

［問題とならない例①］
　職能給で基本給を支払う会社Aでは、ある能力の向上のため特殊なキャリアコースを設定。このキャリアコースを選んで能力を習得した通常の労働者Xと、選ばず能力も習得しなかった有期雇用労働者Yの間にその能力に応じた支給の差を設ける場合。

［問題とならない例②］
　通常の労働者で総合職のXが管理職となるキャリアコースの一環として短時間労働者Yのアドバイスを受けながらYと同様の定型的な業務を行っている。Xにとってはあくまでキャリアコースの一環であることから、X

に対し、その定型的な業務における能力又は経験に応じることなく、Y よりも高額な基本給を支給する場合。

[問題とならない例③]

　同じ職場で同一の業務を行う有期雇用労働者 X と Y のうち、一定の職業経験、能力を満たした Y を定期的に転勤や職務の変更がある通常の労働者に登用。転勤や職務の変更があり得ることを理由に Y の賃金の差を高くする場合。

[問題とならない例④]

　同一の能力又は経験を有する通常の労働者である X と短時間労働者である Y がいるが、X と Y に共通に適用される基準を設定し、就業時間の時間帯や就業日に土日祝日が含まれるかどうかの違いにより、時給（基本給）に差を設けている場合。

[問題となる例]

　職能給で賃金を支払う会社 E は、通常の労働者 X に対し有期雇用労働者 Y に比べて多くの経験を有することを理由に給与を多く支給しているが、X のこれまでの経験は X の現在の業務と関連性がないという場合。

　現在の業務と関係のない過去の経験を理由に、通常の労働者と有期雇用労働者の間に差を設けるのは不合理であるという判断。

成果給	労働者の業績又は成果に応じて支給するものについて、通常の労働者と同一の業績又は成果を有する短時間・有期雇用労働者には、業績又は成果に応じた部分につき、通常の労働者と同一の支給をしなければならない。また、業績又は成果に一定の相違がある場合においては、その相違に応じた支給をしなければならない。

[問題とならない例①]

　基本給の一部について成果給を導入している会社で、所定労働時間が通常の労働者の半分の短時間労働者である X に対し、通常の労働者に設定されている販売目標の半分の数値に達した場合には、通常の労働者が販売目標を達成した場合の半分の成果給を支給している場合。

[問題とならない例②]

　通常の労働者 X と短時間労働者 Y は同様の業務に従事しているが X は生産効率や品質の目標値に責任を負っており、目標未達の場合は待遇上の

不利益を課されている。一方、Yにはそうした責任はなく、待遇上の不利益もない。

こうしたことを踏まえて、XはYに比べ、不利益を課していることとの見合いに応じて高額の基本給を支給している場合。

[問題となる例]

基本給の一部について労働者の業績又は成果に応じて支給している会社で、通常の労働者が販売目標を達成した場合に行っている支給を、短時間労働者であるXが通常の労働者の販売目標に届かない場合には行っていない場合。

労働時間が異なる通常の労働者と短時間労働者の販売目標を同一とする成果給の支給基準には問題があるという判断。

年功給	労働者の勤続年数に応じて支給するものについて、通常の労働者と同一の勤続年数である短時間・有期雇用労働者には、勤続年数に応じた部分につき、通常の労働者と同一の支給をしなければならない。また、勤続年数に一定の相違がある場合においては、その相違に応じた支給をしなければならない。

[問題とならない例]

基本給について労働者の勤続年数に応じて支給しているA社において、過去に期間の定めのある労働契約を更新している有期雇用労働者であるXに対し、勤続年数について当初の労働契約開始時から通算して勤続年数を評価した上で支給している場合。

[問題となる例]

勤続年数に応じて基本給を支給している会社で、過去に期間の定めのある労働契約を更新している有期雇用労働者の勤続年数を当初の労働契約の開始時から通算して勤続年数を評価せず、契約更新時に勤続年数をリセットし、その時点の雇用契約期間のみにより勤続年数を評価した上で支給している場合。

（3）　昇　給

　日本の雇用慣行における昇給は、勤続年数に従って毎年増額する定期昇給制度が主流ということもあり、ガイドラインにおいても「勤続による能力の向上に応じて行うものについて」のみ紹介されています。そのため、「勤続による能力の向上」以外を理由とする昇給の場合、ガイドラインの内容をそのまま適用することはできないので、個々の昇給理由に沿った判断が必要となってきます。

　ただ、ガイドラインにある「勤続による能力の向上」については、行っている職務の内容や人材活用の仕組みによって、向上の度合いが異なるはずですので、基本的には均等待遇ではなく均衡待遇が求められることのほうが多いと考えられます。

昇給	勤続による能力の向上に応じて行うものについて、通常の労働者と同様に勤続により能力が向上した短時間・有期雇用労働者には、勤続による能力の向上に応じた部分につき、通常の労働者と同一の昇給を行わなければならない。また、勤続による能力の向上に一定の相違がある場合においては、その相違に応じた昇給を行わなければならない。

（4）　賞　与

　賞与は法律上必ず支給しなければならないものではなく、支給の時期や理由も各会社によって異なりますが、基本的には労働者の業績への貢献に対して支払われるのが普通です。そのため、ガイドラインでは会社の業績等への労働者の貢献に応じて支給する場合についての例示をしています。

　ただ、「貢献」についてはその基準を数字化することがそもそも難しいうえ、職務の内容や人材活用の仕組みによっても、その貢献の度合いは変わってきます。そのため、賞与についても多くの場合、均等

待遇ではなく均衡待遇の対象となるはずです。

　一方で、賞与に関しては貢献以外の理由で支払われることもあり、その場合はガイドラインの内容をそのまま適用することはできないため、個々の賞与の支給目的に沿った判断が必要となってきます。

　また、以下のうち［問題となる例②］のような事例については、令和2年10月13日の大阪医科大学事件最高裁判決で、これを半ば否定する判決が出ており、行政と司法で考え方にずれが生じています（本判決の詳細は97ページ）。

賞与	会社の業績等への労働者の貢献に応じて支給するものについて、通常の労働者と同一の貢献である短時間・有期雇用労働者には、貢献に応じた部分につき、通常の労働者と同一の支給をしなければならない。また、貢献に一定の相違があるのであれば、その相違に応じた支給をしなければならない。

［問題とならない例①］
　賞与について、会社の業績等への労働者の貢献に応じた支給をしているA社において、通常の労働者であるXと同一の会社の業績等への貢献がある有期雇用労働者であるYに対して、Xと同一の支給をしている場合。

［問題とならない例②］
　通常の労働者Xと短時間労働者Yは同様の業務に従事しているが、Xは生産効率や品質の目標値に責任を負っており、目標未達の場合は待遇上の不利益を課されている。一方、Yにはそうした責任はなく、待遇上の不利益もない。

　こうしたことを踏まえて、Xには賞与を支給しているが、Yに対しては、待遇上の不利益を課していないこととの見合いの範囲内で、賞与を支給していない場合。

［問題となる例①］
　通常の労働者であるXと同一の会社の業績等への貢献がある有期雇用労働者であるYに対して、Xと同一の支給をしていない場合。

［問題となる例②］
　職務の内容や会社の業績等への貢献等にかかわらず通常の労働者には全員に何らかの賞与を支給しているが、短時間・有期雇用労働者には支給していない場合。

(5)　手当（家族手当、住宅手当、退職金以外）

　ガイドラインで示されている諸手当に関しては、職務内容や人材活用の仕組みの違いよりも、その手当の性格を踏まえた前提条件、つまりは、手当の支給目的に則り、その条件を満たしている労働者にきちんと支払っているかどうかがポイントとなっています。

　例えば、役職手当については「役職の内容」に対して支給しようとする場合、通常の労働者と短時間・有期雇用労働者とで同一の役職に就くのであれば、同一の支給を行う必要があります。また、食事手当や精皆勤手当のように、雇用形態等でその必要性が変わらないような手当についても、正規と非正規で差を設けることはできないとしています。

　一方で、同じ役職でも所定労働時間や所定労働日数が異なる場合は、その時間や日数に役職手当の額を比例させることは問題ありません。また、正社員に食事手当を支給している場合も、午前のみの出社や午後からの出社の場合のように、食事の必要性がない非正規の労働者には食事手当を支給しないとすることも、同様に問題はないとしています。

　以上のように、諸手当の支給に関しては均等待遇が原則であり、雇用形態はもとより、職務の内容や人材活用の仕組みといった相違が、待遇差の理由となる余地は少なくなっています。

　加えて、手当については、支給条件と金額との関連性が基本給や賞与等と比べて非常にわかりやすく、その分、支給の有無に関して労働者が不満を抱きやすかったり、裁判所に不合理と認められやすかったりといった面があることにも注意が必要です。

支給項目	内　容
①役職手当 （役職の内容に対して支給する場合）	役職の内容に対して支給するものについて、通常の労働者と同一の内容の役職に就く短時間・有期雇用労働者には、通常の労働者と同一の支給をしなければならない。また、役職の内容に一定の相違があるのであれば、その相違に応じた支給をしなければならない。 **［問題とならない例］** 　通常の労働者Xと同一の役職名で、同一の内容の役職に就く短時間労働者Yに、Xに支給している役職手当の所定労働時間に比例した分を支給する場合。 **［問題となる例］** 　通常の労働者Xと同一の役職名で、同一の内容の役職に就く有期雇用労働者Yに、Xに支給している役職手当と比べて低額の役職手当を支給する場合。
②特殊作業手当 （業務の危険度又は作業環境に応じて支給されるもの）	通常の労働者と同一の危険度又は作業環境の業務に従事する短時間・有期雇用労働者には通常の労働者と同一の支給をしなければならない。
③特殊勤務手当 （交替制勤務等の勤務形態に応じて支給されるもの）	通常の労働者と同一の勤務形態で業務に従事する短時間・有期雇用労働者には通常の労働者と同一の支給をしなければならない。 **［問題とならない例①］** 　通常の労働者、短時間・有期雇用労働者の別を問わず、勤務曜日・時間を特定して勤務する労働者に対し

	て、採用が難しい早朝もしくは深夜又は土日祝日の時給を上乗せして特殊勤務手当を支給し、それ以外の労働者にはそうした上乗せ支給はしない場合。 **［問題とならない例②］** 　入社の段階で交替制勤務に従事することが確定していなかった通常の労働者 X を交替制勤務に従事させた場合に限り特殊勤務手当を支給する一方で、入社の時点で交替制勤務することが決まっていたため基本給にその負荷分が盛り込まれていて基本給が高くなっている短時間労働者 Y には支給しないという場合。
④精皆勤手当	通常の労働者と業務内容が同一の短時間・有期雇用労働者には通常の労働者と同一の支給をしなければならない。 **［問題とならない例］** 　通常の労働者には精皆勤手当を支給するが、その代わり欠勤はマイナス査定とする。その一方で、短時間・有期雇用労働者には、マイナス査定を行わないことの見合いの範囲内で、精皆勤手当の支給を行っていない場合。
⑤時間外労働手当	通常の労働者の所定労働時間を超えて、通常の労働者と同一の時間外労働を行った短時間・有期雇用労働者には、通常の労働者の所定労働時間を超えた時間につき、通常の労働者と同一の割増率等で、時間外労働

に対して支給をしなければならない（つまり、時間外手当の割増率を通常の労働者には３割、短時間・有期雇用労働者には２割５分、といったように差を設けることは不合理な待遇差になるということ。これは⑥についても同じ）。

⑥深夜労働又は休日労働手当	通常の労働者と同一の深夜・休日労働を行った短時間・有期雇用労働者には、通常の労働者と同一の割増率等で、深夜労働又は休日労働に対して支給される手当を支給しなければならない。 **[問題とならない例]** 　通常の労働者であるＸと時間数及び職務内容が同一の、深夜労働又は休日労働を行った短時間労働者であるＹに、同一の深夜労働又は休日労働手当を支給している場合。 **[問題となる例]** 　通常の労働者であるＸと時間数及び職務内容が同一の、深夜労働又は休日労働を行った短時間労働者であるＹに、勤務時間が短いことから、深夜労働又は休日労働手当の単価を通常の労働者より低く設定している場合。
⑦通勤手当及び出張旅費	短時間・有期雇用労働者にも、通常の労働者と同一の支給をしなければならない。 **[問題とならない例①]** 　Ａ社においては、本社の採用である労働者に対しては、交通費実費の

全額に相当する通勤手当を支給しているが、それぞれの店舗の採用である労働者に対しては、当該店舗の近隣から通うことができる交通費に相当する額に通勤手当の上限を設定して、当該上限の額の範囲内で通勤手当を支給している。A 社の店舗採用の短時間労働者である X が、本人の都合で通勤手当の上限の額では通うことができないところへ転居してなお通い続けている場合に、当該上限の額の範囲内で通勤手当を支給している場合。

[問題とならない例②]

　所定労働日数が多い（例えば、週4日以上）通常の労働者及び短時間・有期雇用労働者には、月額の定期額に相当する額を支給するが、所定労働日数が少ない（例えば、週3日以下）又は出勤日数が変動する短時間・有期雇用労働者には日額の交通費に相当する額を支給している場合。

⑧食事手当
（労働時間の途中に食事のための休憩時間がある労働者に対して食費の補助として支給されるもの）

　短時間・有期雇用労働者にも、通常の労働者と同一の支給をしなければならない。

[問題とならない例]

　昼食補助の食事手当を支給している会社で、昼食の時間帯を挟んで勤務する通常の労働者に食事手当を支給し、午後から出勤する短時間労働者には食事手当を支給しない場合。

[問題となる例]

　通常の労働者には高額の食事手当

	を支給し、有期雇用労働者には低額の食事手当を支給する場合。
⑨単身赴任手当	通常の労働者と同一の支給要件を満たす短時間・有期雇用労働者には、通常の労働者と同一の支給をしなければならない。
⑩地域手当	通常の労働者と同一の地域で働く短時間・有期雇用労働者には、通常の労働者と同一の支給をしなければならない。 **[問題とならない例]** 通常の労働者については、全国一律の基本給の体系を適用しており、転勤があるのでその際は地域の物価等に合わせた地域手当を支給している。一方で、現地採用の短時間・有期雇用労働者に関しては、基本給に地域の物価を織り込んだ基本給を支給しているので、地域手当は支給していないという場合。 **[問題となる例]** 通常の労働者と有期雇用労働者、いずれも全国一律の基本給の体系を適用し、かつ、いずれも転勤があるにもかかわらず、有期雇用労働者には地域手当を支給していない場合。

（6） 家族手当、住宅手当、退職金

　家族手当、住宅手当、退職金については、いずれも正規と非正規の格差の原因になりやすい項目であるにもかかわらず、ガイドラインでは具体例を示さず、「基本的な考え方」で「退職手当、住宅手当、家

族手当等の待遇や、具体例に該当しない場合についても、不合理と認められる待遇の相違の解消等が求められる」と曖昧に表記するに留まっています。

　一方で、これらの手当等については、直近の正規と非正規の格差に関する最高裁判例の中で一定の考えが示されています。こうした裁判例については 94 ページ以降で詳しく解説していきます。

（7）　福利厚生

　福利厚生施設の利用や慶弔休暇などの福利厚生に関する待遇についても、基本的な考え方は諸手当と同様で、原則、短時間・有期雇用労働者に対して、通常の労働者と同一の付与・利用を認めなければならず、均等待遇の対象となります。

　例えば、法定外の年次有給休暇を付与する場合に、通常の労働者には付与して、短時間・有期雇用労働者には付与しないというのは認められません。その一方で、通常の労働者を基準に、短時間・有期雇用労働者には所定労働時間に応じて比例付与するということは可能です。

　そのほか、通常の労働者に対して利用の機会を与える福利厚生施設（食堂、休憩室、更衣室）については、パートタイム・有期雇用労働法 12 条でも、短時間・有期雇用労働者に対して利用の機会を与えなければならないと定められています。

支給項目	内　容
①福利厚生施設 （食堂、休憩室、更衣室）	通常の労働者と同一の事業場で働く短時間・有期雇用労働者には、通常の労働者と同一の利用を認めなければならない。

②転勤者用社宅	通常の労働者と同一の支給要件（例えば、転勤の有無、扶養家族の有無、住宅の賃貸又は収入の額）を満たす短時間・有期雇用労働者には、通常の労働者と同一の利用を認めなければならない。
③慶弔休暇並びに健康診断に伴う勤務免除及び当該健康診断を勤務時間中に受診する場合の当該受診時間に係る給与の保障	短時間・有期雇用労働者にも、通常の労働者と同一の慶弔休暇の付与並びに健康診断に伴う勤務免除及び当該健康診断を勤務時間中に受診する場合の当該受診時間に係る給与の保障を行わなければならない。 **[問題とならない例]** 　通常の労働者と同様の出勤日数の短時間労働者には通常の労働者と同様の日数を付与する一方、所定労働日数が週2日の短時間労働者に対しては、勤務日の振替での対応を基本としつつ、振替が困難な場合のみ慶弔休暇を付与する場合。
④病気休職	短時間労働者（有期雇用労働者である場合を除く）には、通常の労働者と同一の病気休職の取得を認めなければならない。また、有期雇用労働者にも、労働契約が終了するまでの期間を踏まえて、病気休職の取得を認めなければならない。 **[問題とならない例]** 　契約期間が1年である有期雇用労働者に対し、病気休職の期間は契約期間の終了する日までとしている場合。

| ⑤法定外の有給の休暇その他の法定外の休暇（勤続期間に応じて取得を認めている場合。慶弔休暇を除く） | 　法定外の有給の休暇その他の法定外の休暇（慶弔休暇を除く）であって、勤続期間に応じて取得を認めているものについて、通常の労働者と同一の勤続期間である短時間・有期雇用労働者には、通常の労働者と同一の付与をしなければならない。なお、有期労働契約を更新している場合には、当初の労働契約開始時から通算して勤続期間を評価することを要する。 |

（8）　その他

　直接的な賃金の項目ではありませんが、教育訓練や安全管理に関する措置についても、ガイドラインでは以下のとおり指針が示されています。

支給項目	内　容
①教育訓練	現在の職務の遂行に必要な技能又は知識を習得するために実施するものについて、通常の労働者と同一の職務内容である短時間・有期雇用労働者には、通常の労働者と同一の実施をしなければならない。また、職務の内容に一定の相違がある場合においては、その相違に応じた実施をしなければならない。
②安全管理に関する措置及び給付	通常の労働者と同一の業務環境に置かれている短時間・有期雇用労働者には、同一の安全管理に関する措置及び給付をしなければならない。

（9）　通常の労働者と短時間・有期雇用労働者との間で賃金の決定方法に違いがある場合の取扱い

　通常の労働者と短時間・有期雇用労働者とで、賃金の決定基準やルールが異なる場合があります。そもそも通常の労働者は日給月給制、短時間・有期雇用労働者は時給制といったように、賃金形態が異なることがほとんどです。

　ガイドラインでは、こうした場合であっても、「「通常の労働者と短時間・有期雇用労働者との間で将来の役割期待が異なるため、賃金の決定基準・ルールが異なる」等の主観的又は抽象的な説明では足りず、賃金の決定基準・ルールの相違は、通常の労働者と短時間・有期雇用労働者の職務の内容、当該職務の内容及び配置の変更の範囲その他の事情のうち、当該待遇の性質及び当該待遇を行う目的に照らして適切と認められるものの客観的及び具体的な実態に照らして、不合理と認められるものであってはならない。」としています。

　つまり、賃金の決定基準やルールが異なること自体は問題ないものの、それが不合理なものであってはならないというわけです。

　また、通常の労働者と定年後再雇用されて有期雇用労働者となったものとの間の待遇の相違については「定年に達した後に継続雇用された者であること」が「パートタイム・有期雇用労働法第8条のその他の事情として考慮される事情に当たりうる。」としています。これは第1章で紹介した長澤運輸事件最高裁判決を踏まえたもので、要するに定年後再雇用者については、定年後再雇用者であること自体が「その他の事情」になり得るということです。とはいえ、定年後再雇用者であれば待遇等を会社の自由にしてよいというわけではない点には注意が必要です。

6 同一労働同一賃金をめぐる 最高裁判例

　賃金の項目や福利厚生等の項目ごとに正規と非正規の労働条件を比較し、その相違と待遇差の間に不合理と認められる点がないかを判断していくというのがガイドラインの考え方で、これは実際の裁判においても同様です。そのため、会社が同一労働同一賃金に関して判断に困った場合、基本的にはガイドラインを頼るのがよいかと思います。

　その一方で、ガイドラインはあくまで行政の法解釈に過ぎず、司法が必ず行政と同じ判断をするとは限りません。実際、同一労働同一賃金をめぐっては、すでに行政と司法で異なる判断も出てきています。加えて、直近の判例でガイドラインでは明確な判断を避けている家族手当、住宅手当、退職金についても一定の判断が行われています。

　そのため、ここからは、直近の裁判例において、同一労働同一賃金に対してどのような判断が行われたかを見ていきます。

（1）　ハマキョウレックス事件の概要

　正式なガイドラインが公表される前に、同一労働同一賃金に関して最高裁判所が判断を下したものとして、第1章でも見た長澤運輸事件（平成30年6月1日判決）のほかに、ハマキョウレックス事件（平成30年6月1日判決）があります。

　ハマキョウレックス事件は、正社員と契約社員の間の待遇差が争われた事案です。両者には業務内容及び業務に伴う責任について相違がありませんでした。にもかかわらず「無事故手当、作業手当、給食手当、住宅手当、皆勤手当、通勤手当、家族手当、賞与、定期昇給、退職金」の支給に相違があるのは当時の労働契約法20条違反に当たる

とし、これらの待遇差が不合理と認められるかどうかが争われました。判決ではこれらの賃金項目について個別に不合理かどうかの判断を行い、結果、以下のような判断が行われました。

支給項目	最高裁の判断	主な理由
無事故手当	不合理性を肯定	安全運転及び事故防止の必要性については正規と非正規の間で差異が生ずるものではない
作業手当	不合理性を肯定	特定の作業を行った対価として支給されるものである一方、正規と非正規で職務内容は同一である
給食手当	不合理性を肯定	勤務時間中に食事を取ることを要する労働者に対し支給することがその趣旨にかなうものである
住宅手当	不合理性を否定	正社員には転居を伴う配転が予定されている一方、契約社員にはそうした規定はない。そのため、正社員のほうが住宅に要する費用が多額となり得る
皆勤手当	不合理性を肯定	皆勤を奨励する趣旨で支給されるものであり、契約社員と正社員で職務の内容が異ならないなら、出勤するものを確保することの必要性について差異が生ずることはない
通勤手当	不合理性を肯定	労働契約の期間の定めの有無によって通勤に要する費用が異なるものではない
家族手当	判断なし	労働契約法20条違反であったとしても契約社員に正社員の規定を当てはめることは困難なため、不合理かどうかの判断は行わず
賞　与	判断なし	
定期昇給	判断なし	
退職金	判断なし	

　判断が行われた各種手当については、細かな違いはあるものの、基本的にはガイドラインとほぼ同様の考え方で判断を行っています。つ

まり、正規と非正規で支給の前提条件が同じとなる手当については、基本的に均等待遇が必要との判断です。

　そして、判断の行われたもののうち、唯一、不合理と認められなかった「住宅手当」については、正社員の就業規則には、契約社員の就業規則にはない出向を含む配転規定があること、住宅手当には「転勤に伴う住居の変更を補助する性格」があることから、不合理ではないと判断されました。つまり、裁判所は、住宅手当の支給条件は「住宅を持っているか」「住宅を借りているか」といったことではなく、「転居を伴う配転の有無」であるとした上で、正規と非正規で転居を伴う配転の有無、すなわち人材活用の仕組みに相違がある以上、正社員には支給し契約社員には不支給とすることは不合理ではないと判断したわけです。

　また、「家族手当、賞与、定期昇給、退職金」については、本判決では明確な判断を避けました。これは有期雇用労働者と無期雇用労働者との労働条件等の相違が労働契約法 20 条違反に当たる場合であっても「同条の効力によって当該有期契約労働者の労働条件が比較の対象である無期契約労働者の労働条件と同一のものとなるものではない」という判断から、正規と非正規で別個独立に就業規則が作成されているなかで、正社員の就業規則の内容を契約社員にそのまま当てはめることは困難としたからです。要するに、「家族手当、賞与、定期昇給、退職金」については、その労働条件等の相違が仮に違法であったとしても契約社員の労働条件を正社員と同一とすることはできないため（労働契約法 20 条にそこまでの効力はないため）、不合理かどうかの判断を行わなかったわけです。

(2)　令和 2 年 10 月に最高裁判決の出た 3 つの事件

　ハマキョウレックス事件と長澤運輸事件以降、しばらく同一労働同

一賃金に関する最高裁の判断は出ていませんでしたが、令和2年10月、立て続けに3つの事件（厳密には5つの事件）について、最高裁判所が同一労働同一賃金に関する判断を行いました。しかも、この3つの事件ではそれぞれ、ハマキョウレックス事件では判断を避けた賞与、退職金、家族手当に関する判断を行っており、注目を集めました。

以下ではこれら3つの事件について見ていきます。

① 大阪医科大学事件の概要

まずは、賞与に関する判断を行った大阪医科大学事件（令和2年10月13日判決）についてです。

こちらは教室事務員である正職員とアルバイト職員の賞与及び私傷病による欠勤中の賃金の有無等をめぐって争われたもので、結論からいうと、アルバイト職員に対して賞与と、私傷病による欠勤中の賃金の支払いがなかったことについて、最高裁は不合理とは判断しませんでした。

まず、判決では賞与について「基本給の4.6か月分が一応の支給基準となっており、その支給実績に照らすと、第1審被告の業績に連動するものではなく、算定期間における労務の対価の後払いや一律の功労報償、将来の労働意欲の向上等の趣旨を含むものと認められる。」としています。つまり、最高裁判所は本件の賞与の性質を功労報償的性格や意欲向上目的と判断したわけです。また、賞与の支給目的については、基本給（職能給）を支給基準としていることや、功労報償的性格や意欲向上目的といった賞与の性質から、人材の確保やその定着を目的としているとしています。

次に、正職員とアルバイト職員との労働条件等の相違はどうだったかというと、まず「職務内容」に関して共通する部分はあるものの、アルバイト職員のものは正職員と比較して「相当に軽易であることが

うかがわれる」としています。また、正職員には人事異動の可能性が
ある一方で、アルバイト職員には配置転換されることはないものとさ
れており「職務内容及び人材活用の仕組み」に関しても相違がありま
した。

　さらに裁判所は、アルバイト職員から契約職員、契約職員から正職
員といった段階的な登用制度を設けていたことを、「その他の事情」
として挙げています。また、これは私傷病による欠勤中の賃金の判断
の際に述べられていることですが、原告となったアルバイト職員の勤
務期間は、欠勤中の期間を含めても在籍期間が 3 年あまりしかなかっ
た点も、判断に影響を与えたとみられます。

　こうした賞与の性質や支給目的、労働条件等の相違を踏まえ、最高
裁ではアルバイト職員に対し賞与を支払わないのは不合理であるとま
では評価することができるものではないとしたわけです。

　ただし、本件の 2 審では、本件の賞与の性格について「就労したこ
と自体に対して支給する考えである」と判断し、賞与の待遇差は不合
理であるとしていました。

　結果として最高裁が、賞与について、こうした 2 審の判断とは異な
る判断をしたことはすでに述べたとおりですが、逆にいうと、2 審で
いわれていたような性質・目的で賞与を支給しているケースでは、今
後も、不合理と判断される可能性があるということです。

　一方、私傷病による欠勤中の賃金について、正職員には支給してア
ルバイト職員には支給しなかった点について、裁判所は賞与とほぼ同
様の理由で不合理とは認めませんでした。

支給項目	最高裁の判断	主な理由
賞　与	不合理性を否定	・アルバイト職員は正職員と比べて業務が相当に軽易（職務内容の相違） ・配置転換の有無に違いがある ・アルバイト職員から契約職員、契約職員から正職員へといった段階的な登用制度があった ・賞与や欠勤中の賃金は正社員の雇用確保を目的としている ・原告のアルバイト職員の在籍期間は欠勤中の期間を含めても３年あまり
私傷病による欠勤中の賃金		

②　メトロコマース事件の概要

　次に退職金について争われたメトロコマース事件（令和２年10月13日判決）です。

　地下鉄構内の売店業務に主に従事する正社員と契約社員との間に退職金の有無に差があるのは、不合理な待遇差に当たるかどうかが争われました。こちらも結論からいうと、最高裁は、契約社員に対して退職金の支払いがなかったことについて、不合理とは判断しませんでした。

　その理由も大阪医科大学事件とかなり似ています。

　まず、本件の退職金については「対価の後払いや継続勤務等に対する功労報償等の複合的な性質を有する」としており、支給目的についても人材の確保やその定着を目的としているとしています。

　また、正社員と契約社員の職務内容については、概ね共通するものの、正社員がサポートやトラブル処理などエリアマネージャー業務に従事することがあったのに対し、契約社員は売店業務に専従しており、両者の「職務内容」に一定の相違がありました。また、両者においては、正社員には配置転換の可能性がある一方で、契約社員側には

なく「職務内容・配置の変更範囲の有無」に関しても相違がありました。また、大阪医科大学事件同様、段階的な登用制度があり、実際に運用もされていたことが「その他の事情」として考慮されています。

こうした理由と、退職金が持つ複合的な性質やその支給目的を踏まえると、両者の間の労働条件等の相違と退職金の支給の有無という待遇差に関しては、不合理であるとまで評価することはできないとしました。

ただし、大阪医科大学事件と比較すると、正社員と契約社員の「職務内容」「職務内容・配置の変更範囲の有無」の相違はそれほど大きくはなく、むしろ、「その他の事情」とされた段階的な登用制度がなければ、結果は変わっていた可能性もある点には注意が必要です。

支給項目	最高裁の判断	主な理由
退職金	不合理性を否定	・正社員は業務の範囲が広範な一方、契約社員の業務は売店業務専従 ・配置転換の有無に違いがある ・契約社員から正社員への段階的な登用制度があった

③　日本郵便事件の概要

最後は日本郵便事件（令和 2 年 10 月 15 日判決）です。

こちらは郵便業務を行う正社員と契約社員の間の手当等の支給の有無といった待遇差について争われたものです。本件は厳密には東京、大阪、佐賀の 3 つの事件に分かれていますが、本書では便宜上、これらをまとめて 1 つの事件として扱います。

本判決が出る前、最も注目されていたのが扶養手当（家族手当）に対する判断でした。なぜなら、家族手当については、同一労働同一賃金ガイドラインでも、ハマキョウレックス事件でも明確な判断を避けていたからです。唯一、長澤運輸事件では判断が行われたものの、そ

の理由は定年後再雇用者特有の事情に基づくものでした。

そうしたなか、本判決では扶養手当を正社員にのみ支払い、契約社員には支払わないのは不合理な待遇差であると判断しました。理由は、扶養手当が「扶養親族のある者の生活設計等を容易にさせることを通じて、継続的な雇用を確保するために」支給される手当であると最高裁が考えたからです。

なので、正規か非正規かといった雇用形態にかかわらず、契約社員であっても「相応に継続的な勤務が見込まれる」のであれば、扶養手当を支払う必要があるとしました。「見込まれる」なので、実際に長期間雇用されていなくても対象となり得ると考えられます。

同様に、病気休暇についても「継続的な雇用を確保するため」の制度であることから、「相応に継続的な勤務が見込まれる」のであれば契約社員に対しても与える必要があるとしています。そのため、職務内容や配置の変更範囲等を理由に日数に差を設けることはともかく、正社員は有給、契約社員は無給という扱いをしていた本件については不合理であると判断しています。

そのほか、扶養手当や病気休暇以外で最高裁が判断を行った年末年始勤務手当、年始期間の勤務に対する祝日給、夏期冬期休暇については、主に均等待遇の面から、いずれも、正社員には与えて契約社員には与えないという扱いは不合理であるとしています。

支給項目	最高裁の判断	主な理由
扶養手当	不合理性を肯定	・扶養手当は、扶養親族のある者の生活設計等を容易にさせることを通じて、生活保障や福利厚生を図り、継続的な雇用を確保するためのもの ・そのため、相応に継続的な勤務が見込まれるのであれば、正社員だけでなく契約社員にも支給が必要

病気休暇	不合理性を肯定	・病気休暇は、生活保障や福利厚生を図り、継続的な雇用を確保するためのもの ・そのため、相応に継続的な勤務が見込まれるのであれば、正社員だけでなく契約社員にも付与が必要 ・職務内容や配置の変更範囲等の労働条件等の相違がある場合に、付与日数に相違を設けることはともかく、正社員を有給、契約社員を無給とするのは不合理
年末年始勤務手当	不合理性を肯定	従事した業務の内容や難度を支給要件としておらず、所定の期間において実際に勤務していたこと自体を支給要件としている
年始期間の勤務に対する祝日給	不合理性を肯定	・祝日給は年始期間における勤務の代償として支給されるもの ・契約社員は繁忙期に限定された短期間ではなく、業務の繁閑にかかわらない勤務が見込まれているため、祝日給を支給する趣旨は契約社員にも妥当する
夏期冬期休暇	不合理性を肯定	・夏期冬期休暇は労働から離れる機会を与えることにより心身の回復を図る目的で与えられている ・正社員の夏期冬期休暇の取得の可否や日数は、勤続期間の長さに応じて定まるものとされていない ・契約社員は業務の繁閑にかかわらない勤務が見込まれており、夏期冬期休暇を与える趣旨は、契約社員にも妥当する

ちなみに本件は、最高裁の判断だけを見ると、会社側に非常に厳し

い判決が下されたように見えますが必ずしもそうではありません。最高裁が地裁、高裁の判断を支持している、本件で正規と非正規のあいだで待遇差のあった手当等（基本賃金、住居手当、夏期年末手当、外務業務手当、郵便外務業務精通手当、郵便内務・外務精通手当、早出勤務等手当、夜間特別勤務手当、通勤手当）のうち、住居手当以外については、地裁、高裁はその待遇差を不合理ではないとの判断を行っているからです。住居手当が不合理と判断された理由は、転勤なしの一般職（新一般職）に住居手当が支払われる一方で、同じく転勤のない契約社員に支払われていなかったことが主な要因となっています。つまり、ハマキョウレックス事件と同様に住居の変更を伴う転勤の有無を支給不支給の基準とし、不合理かどうかを判断したわけです。

(3) まとめ

① 均衡待遇が問われた大阪医科大学事件とメトロコマース事件

さて、以上、4つの事件の中で、まず注目すべきは、大阪医科大学事件の賞与に関する判断です。同一労働同一賃金ガイドラインでは、82ページでも見たとおり、正社員に賞与を支給する場合、非正規にも何らかの形で賞与を支給すべきとしています。

しかし、本判決ではそれを覆し、賞与の支給目的や労働条件等の相違を踏まえ、それが相応のものであれば「なし」でもよいとしました。よって、今後は、どの程度の相違があれば「なし」にしてもよいのか、という見極めが重要となってきますが、当然、それは賞与の支給目的によっても変わる可能性が高いと考えられます。

また、同一労働同一賃金ガイドラインではっきりとした判断が行われなかった退職金については、今回初めて判断が行われたメトロコマース事件が1つの基準となってくるはずです。

そして、大阪医科大学事件とメトロコマース事件の2つ事件をトー

タルで見ると、この2つの判決は「均衡待遇」について一定の判断をしたと考えることができ、今後の同一労働同一賃金を考える上で非常に重要になるとみられます。

　というのも、この2つの判決が出る以前の、ハマキョウレックス事件や長澤運輸事件に関しては、正規と非正規の職務内容にほとんど相違のないもの同士の争いであった上、判断が行われた項目も、そのほとんどが正規と非正規の手当に関する待遇差についてだったからです。

　そのため、職務内容や人材活用の仕組みといった労働条件の相違と待遇差の関連については、同一労働同一賃金ガイドライン以外の基準がありませんでした。

　しかし、正規と非正規ではむしろ、職務内容や人材活用の仕組み、さらにはその他の事情といった労働条件に相違があることのほうが普通です。そして、この2つの事件では、それらの相違を理由とする待遇差に関して、両者の均衡が取れているかどうかで、不合理と認められるかの判断が行われたわけです。

　今回、はっきりとした判断が行われたのは賞与と退職金のみですが、同様に均衡待遇が基本となる基本給や昇給についても、今後は同様かこれに近い判断が行われることが予想されます。

②　住宅手当、家族手当に関する裁判所の判断

　一方、退職金同様に、同一労働同一賃金ガイドラインで具体例の明示がなされなかった住宅手当及び家族手当についても、最高裁は一定の判断を示しました。

　まず、住宅手当については「転勤に伴う住居の変更を補助する性格」を持ち、転勤のある正社員と、それがない契約社員で支給に差があることは不合理ではないとしています。

　次に、家族手当については「扶養親族のある者の生活設計等を容易

にさせることを通じて、社員の生活保障や福利厚生を図り、継続的な雇用を確保するためのもの」であるとし、相応に継続的な勤務が見込まれるのであれば、正社員だけでなく契約社員にも支給が必要との判断をしています。

　つまり、住宅手当や家族手当の支給条件に関しては、単に「住宅を持っていたり借りたりしている」「家族がいる」こと自体がその条件ではないと裁判所は考えたわけです。それよりも、もっとその手当の本質的な部分を支給の目的と考え、支給に待遇差があることについて、不合理かどうかの判断を行ったといえます。

　諸手当については、その手当の支給目的が正規にも非正規にも当てはまる場合、職務内容等に相違があったとしても、基本的には均等待遇をする必要があることはここまでも述べてきたとおりで、住宅手当や家族手当についてもそうした考え方自体は変わりません。一方で、住宅手当や家族手当の支給については、支給を行っている会社であっても、裁判所が示したようなところまで考えずに支給をしていた、というところも多いと思われるので、今後これらの手当の見直しを行う際には、こうした支給目的を考慮に入れる必要があります。

7 定年後再雇用者の同一労働同一賃金への対応ポイント

（1） 見直すべきは諸手当から

　日本版同一労働同一賃金に対応するうえで、まず検討すべきは諸手当です。

　諸手当については均等待遇が基本であり、雇用形態や職務内容ではなく、支給目的に当てはまるかどうかで、支給か不支給かを決定する必要があるものがほとんどです。いうなれば、諸手当については、支給目的に則り、払うか払わないかをデジタルに考える必要があるわけです。

　一方、基本給や昇給、賞与について求められているのは基本的には均衡待遇です。

　正規と非正規の場合、職務内容や人材活用の仕組みといった、基本給等を決定する上での前提となり得る部分に相違があることがほとんどです。そして、現状は、そうした相違と賃金等の待遇差との関係にはっきりとした相場があるわけでもありません。こうしたことから、手当と比較して、基本給や昇給、賞与に関する待遇差をアナログに考える余地があるといえます。その分、会社としての判断も難しい一方、訴える側からしても計算を立てづらい部分があります。

　以上のことから、日本版同一労働同一賃金において、まず見直しが必要となるのは諸手当となるわけです。極論をいってしまうと、基本給以外の諸手当が多ければ多いほど労使間の争いの火種になり得るものは多くなり、逆に、手当の種類が少なければ少ないほど、そうした火種の数も減るといえます。

　実際、大手企業では、諸手当の見直しを行う動きを加速させていま

す。特に正規と非正規の格差について最高裁まで争った日本郵便は、最高裁判決や働き方改革関連法が成立する前の平成30年4月に正社員の一部手当の廃止を行っており、メディアでも大きく報道されました。

（2）　同一労働同一賃金における定年後再雇用者と他の非正規との違い

さて、本章ではここまで、定年後再雇用者に限らず、広く正規と非正規の同一労働同一賃金について見てきました。

一方で、本書のテーマである定年後再雇用者の同一労働同一賃金においては、第1章で見た長澤運輸事件と本章で挙げた4つの事件を比較すると明らかですが、職務内容や人材活用の仕組みと同じかそれ以上に「その他の事情」が重要視されています。もっとはっきりいってしまうと「定年後再雇用者であること」自体が「その他の事情」として待遇差の根拠となり得るという判断を長澤運輸事件ではしており、その点が、他の非正規と異なる特殊な点となっています。

ただ、今後、老齢厚生年金の支給開始年齢の引上げや在職老齢年金制度の改正、高年齢雇用継続給付の縮小・廃止がなされると、定年後再雇用者であること自体が「その他の事情」となり得る根拠が薄れていくため、こうした特殊性も薄れていくと思われます。つまり、今後は定年後再雇用者であっても、他の非正規同様、職務内容や人材活用の仕組み、さらには定年後再雇用者であること以外のその他の事情の観点を踏まえた上で、同一労働同一賃金を進めていく必要があるわけです。

そのためには、他の非正規同様、定年後再雇用者であってもまずは諸手当の見直しが重要になってきます。また、そもそも諸手当に関しては、定年後再雇用者であることが待遇差の根拠となりづらいものが多く、そうした意味でも、定年後再雇用者の同一労働同一賃金は諸手

当の見直しから行っていくべきといえます。

（3）　定年後再雇用者とパートタイム・有期雇用労働法 9 条

　定年後再雇用者の同一労働同一賃金に関しては、令和 2 年 4 月（中小企業は令和 3 年 4 月）以降、パートタイム・有期雇用労働法 9 条により、職務内容及び人材活用の仕組みが通常の労働者と同一である場合、短時間労働者だけでなく、有期雇用労働者に対しても基本給、賞与その他の待遇についての差別的取扱いをすることができなくなっている点には注意が必要です。

　というのも、定年後再雇用者は、職務内容及び人材活用の仕組みを変更することなく有期雇用労働者となることが少なくないからです。

　しかも、9 条には 8 条にあった「その他の事情」を考慮する文言がなく、定年後再雇用者であっても（つまり、その他の事情があっても）職務内容及び人材活用の仕組みが通常の労働者と同一であるならば差別的取扱いはできないと解釈することが可能となっています。

　ただ、これについては有力な学説にて、差別的取扱いを正当化する合理的理由（つまり、「その他の事情」）がある場合、9 条が適用されない場合もあり得るとしているものがあります。つまり、9 条が適用されるかどうかについても、8 条と同様に「定年後再雇用者」であること自体が「その他の事情」として考慮される可能性があるということです。

　とはいえ、実際にどうなるかは判例が出てくるまでわかりません。また、前項で見たとおり、定年後再雇用者であることがその他の事情となり得る根拠となっていた制度の多くは、今後の法改正により変更が行われます。そのため、定年後再雇用者であることを理由に 9 条の適用を回避することが可能だとしても、それは時間の経過とともに難しさを増していくはずです。

　よって、会社としてなるべくリスクを負いたくないのであれば、「定年後再雇用者」であることだけを理由とせず、職務内容もしくは人材活用の仕組みについても、定年前と定年後で変更しておく必要があります。

（4）　定年後再雇用者の同一労働同一賃金

　同一労働同一賃金に違反するリスクをできる限り抑えるのであれば、短時間・有期雇用労働者と通常の労働者の職務内容をできる限り差別化し、短時間・有期雇用労働者に対して責任等を負わせず、さらには長期的な雇用も見込まれないようにするのが1つの回答となり得ます。

　一方で、定年後に再雇用されたものが嘱託社員などの形で短時間・有期雇用労働者となる場合、定年前と行っている業務や負っている責任がほとんど変わらないにもかかわらず、労働条件が引き下げられるということが一般的となっています。

　そして、定年前と定年後で全く異なる業務をさせることができるかというと、会社によってはそれに適した業務がなかったりしますし、定年前と定年後であまりにかけ離れた業務を行わせると、それを嫌がらせ人事と取られ、同一労働同一賃金とは別の労使間トラブルが発生する可能性があります。

　よって、同一労働同一賃金のために、短時間・有期雇用労働者と通常の労働者の職務内容をできる限り差別化し、短時間・有期雇用労働者に対して責任等を負わせないというのは、通常のパート・アルバイトには適用できても、定年後再雇用者に対して同じように適用するのは難しい場合があるわけです。

　こうした点を解決するには、日本版同一労働同一賃金の内容に加え、令和3年4月以降に順次施行が予定されている各種法制度を考慮に入れた上で、定年後再雇用者の労務管理を考えていく必要がありま

す。
　次章では、いよいよ「これからの」定年後再雇用者の労務管理について見ていきます。

第4章

定年後再雇用者の
これからの労務管理

1 定年後再雇用者のこれからの労務管理を考える

　本書では第1章から第3章を通じ「定年を理由に賃金を大きく引き下げる」という定年再雇用に関する日本の雇用慣行を解説すると同時に、そうした雇用慣行に無理が生じてきていること、さらには、会社側がこうした労務管理を見直さないと、将来的に労使間で争いになったときに、会社が不利となる可能性が高いことを解説してきました。

　そして、この第4章では、ここまでの内容を踏まえ、これまでの定年後再雇用者の労務管理から脱却し、労使が納得できる新たな定年後再雇用者の労務管理について検討していきます。

　なお、本章で特に記載がない場合、定年という場合は60歳定年、再雇用という場合は65歳までの再雇用をいいます。

2 会社の方針決定と考慮すべき事項

　定年後再雇用者の労務管理を考える上で重要となるのが「会社の方針」です。

　会社の方針がきちんと定まっていないと、一貫性のある判断が難しくなり、結果、場当たり的な対応となりがちです。そして、労働者ごとに対応にブレがあると、労使間で争いとなったときに、労働者間の公平性を欠くなどの理由で会社は不利な立場に置かれる可能性が高まります。

　また、多くの会社では、その会社独自の経営理念やビジョンを定めていると思いますが、それらと定年後再雇用者に対する方針にブレがあると、理念やビジョンの説得力を失い、会社の求心力を低下させることにもつながります。

　以下では、労働者を定年後に再雇用する際の会社の方針を決める上で考慮すべき事項をまとめました。なお、第1章から第3章にかけてすでに解説済みのものについてはこちらでは説明を簡略化しているので、詳細は該当ページにて確認をお願いします。

（1）　法律・その他制度上の考慮すべき点

① 高年齢者雇用安定法

ア　高年齢者雇用確保措置（18 ページ）

　会社は定年を定める場合、60 歳未満に設定することはできません。加えて、雇用する高年齢者の 65 歳までの安定した雇用を確保するため、会社は以下のうち、いずれかの措置を講ずることが義務づけられ

ています。

　義務であるため、会社が定年後再雇用者に対してどのような方針を取る場合も、必ず実施する必要があります。

1.　65 歳までの定年の引上げ
2.　希望者全員を対象とする 65 歳までの継続雇用制度の導入
3.　当該定年の定めの廃止

イ　高年齢者就業確保措置（175 ページ）

　高年齢者雇用確保措置に加えて、令和 3 年 4 月 1 日より、65 歳から 70 歳までの安定した雇用または就業を確保するための「高年齢者就業確保措置」の実施が、事業主の努力義務として追加されます。ただし、高年齢者雇用確保措置の時点で高年齢者就業確保措置と同等か、またはそれ以上の措置をすでに実施している場合はこの限りではありません。

　本措置については第 5 章で詳しく解説を行います。

1.　当該定年の引上げ
2.　65 歳以上継続雇用制度（現に雇用している高年齢者等が希望するときは、当該高年齢者をその定年後等に引き続いて雇用する制度をいう）の導入
3.　当該定年の定めの廃止
4.　創業支援等措置の実施
※　1、2、4 については高年齢者の 70 歳までの雇用または就業を確保するものである必要あり

---

②　社会保険

ア　社会保険の加入（40 ページ）

　一般に「社会保険に加入する」という場合、「健康保険」「厚生年金

保険」「介護保険」の３つの保険に加入することをいいます。

　この３つの保険は、加入可能年齢がそれぞれ異なり、健康保険は75歳になるまで、厚生年金保険は70歳になるまで加入することができます。一方、介護保険については、加入の下限（40歳）がある一方で、上限年齢はありません。加えて、介護保険では65歳になると介護保険の第一号被保険者という扱いになり、健康保険・厚生年金保険の加入の有無にかかわらず、介護保険料の納付先が市区町村に変更されます。

　また、第２章で見たとおり、その労働者が雇用されている会社が特定適用事業所かそうでないかで社会保険の加入条件が変わります。

　定年後再雇用をきっかけに社会保険に加入しない範囲で定年後再雇用者を働かせる、ということも可能で、その場合、在職老齢年金の対象とはなりません。一方で、社会保険の保険料を納めることができないため、将来の年金額を増やすことはできなくなります。

イ　老齢厚生年金の支給開始年齢（20ページ）

　現行の制度では原則60歳から老齢厚生年金をもらうことはできず、さらに、男性は令和７年度以降、女性は令和12年度以降、原則65歳からしか老齢厚生年金をもらうことができなくなります。

ウ　在職老齢年金（法改正前21ページ、法改正後42ページ）

　在職老齢年金は、60歳以後の労働者について、勤務先で賃金・賞与をもらえる場合に、年金の支給額を調整する制度です。

　現行の制度では、65歳になる前と65歳以後で制度に違いがありますが、令和４年４月１日以降は、65歳以後のものに制度が統一されます。在職老齢年金の制度が統一されると、在職老齢年金により65歳になる前の年金が減額となる基準額が大きく引き上げられることになり、結果、定年を理由に賃金を（大幅に）引き下げることについて、労働者の了承を得ることが難しくなることが予想されます。

③　雇用保険

高年齢雇用継続給付（法改正前 24 ページ、法改正後 49 ページ）

　高年齢雇用継続給付とは、60 歳到達時点の賃金と比較して、60 歳以降の賃金が大きく下がった場合に、その一部を雇用保険から補填する制度です。

　ただし、引き下げられた賃金額を補填するとはいっても、引下げ幅に比べて補填される額はわずかであり、基本的には 60 歳台前半の老齢厚生年金や在職老齢年金との併用が前提といえます。

　それもあり、本制度は将来的な縮小・廃止が決定しています。

④　労働契約

ア　同一労働同一賃金（58 ページ）

　第 3 章で解説したとおりですが、短時間・有期雇用労働者として定年後再雇用者を雇用する場合、パートタイム・有期雇用労働法、同一労働同一賃金ガイドライン、その他各種判例に基づいて労働条件を決定しないと、労使間で争いになった場合に会社が不利となります。

イ　有期雇用契約を 5 年を超えて繰り返し更新した場合

　労働契約法 18 条には「同一の使用者との有期労働契約が「5 年」を超えて繰り返し更新された場合に、労働者の申込みにより、無期労働契約に転換する」という定めがあります。つまり、有期雇用契約を繰り返し更新し、通算契約期間が 5 年を超えた場合で、労働者から申込みがあった場合、会社はその労働者と無期の雇用契約を結ばなければならないわけです。注意しないといけないのは、法律上義務づけられているのはあくまで契約期間を無期とすることだけです。なので、必ずしも正社員にしなければいけないというわけではありません。

　そして、この 5 年の無期転換ルールは、定年後再雇用者であって

も、有期雇用契約を結ぶものである限り適用されます。そのため、定年後再雇用者を 60 歳から 65 歳までの 5 年間、有期雇用契約で雇用すると、65 歳での退職の際に労働者側が無期転換申込みを行うことが可能となり、65 歳以降もその労働者が、今度は無期雇用契約で在籍し続けるということが起こり得ます。

　平成 27 年 4 月 1 日に施行された有期雇用特別措置法はこうした問題に対応するためのものです。

　有期雇用特別措置法では、一定の条件に当てはまる労働者を雇用する場合で、都道府県労働局の認定を受けた場合、特例で 5 年の無期転換ルールの適用をしないというルールを定めています。

　そして、「継続雇用の高齢者」はこの特例の対象であり、事業主が本法の認定を受ける限り、継続雇用の高齢者は、定年に達した後、引き続いて雇用される期間はその事業主に対する無期転換申込権が発生しなくなります。そのため、定年後再雇用者と有期雇用契約を結ぶ場合、本法に基づく認定手続は必須といえます。

　この有期雇用特別措置法に関する手続きの方法については、168 ページにて詳しく解説します。

(2)　労働者側の需要

　ここからは労働者側の視点から、高年齢労働者を定年後再雇用する際の会社の方針を決めるうえで考慮すべき事項を挙げていきます。

①　就労意欲

　定年退職を控えた 50 代の男女に対する民間の意識調査では、7 割以上の人が「定年後も働きたい」という結果が出ており、就労意欲の高さが見て取れます。また、別の調査では「定年後も働きたい」という人が 8 割を超えるものもあります。

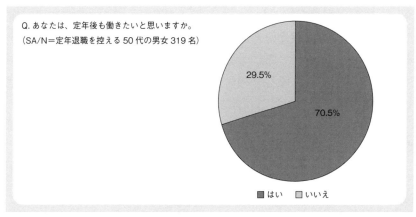

Q. あなたは、定年後も働きたいと思いますか。
（SA/N＝定年退職を控える 50 代の男女 319 名）

29.5%

70.5%

■ はい　□ いいえ

出典：株式会社ガネット「日本総合福祉アカデミー」調べ「定年後の働き方に関するアンケート調査」（2019 年 12 月）より

　また、「令和元年度 高齢者の経済生活に関する調査結果」（内閣府）によると、60 歳以降で収入のある仕事をしている人は「37.3％」いるとしています。そして、60 歳以降で収入のある仕事をしていない人のうち「21.2％」の人が「仕事をしたいとは思わない」と回答する一方で、60 歳以降で収入を伴う仕事を持っている人に関しては「仕事をしたいとは思わない」という人は「0.8％」しかいませんでした。

　つまり、定年後再雇用者のように 60 歳以降で働いている人ほど、就労意欲は高いということです。加えて、60 歳以降で収入のある仕事をしている人の約 4 割が「働けるうちはいつまでも」働きたいとしています。

　このように各種調査・統計から高齢者の就労意欲が高いことは明らかです。

　一方で、統計には出てきてはいませんが、就労意欲が高いといっても現役並みに働きたいという人もいれば、働く意欲はあっても健康上の理由や家族の介護といった理由でペースは抑えたいという人もいるはずです。

あなたは、何歳ごろまで収入を伴う仕事をしたいですか

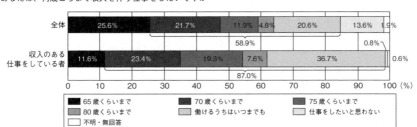

資料：内閣府「高齢者の経済生活に関する調査」（令和元年度）
（注）　調査対象は、全国の60歳以上の男女。

出典：「令和2年版 高齢社会白書」内閣府

② 年金（65歳前）

　現行の在職老齢年金では、調整開始の基準額が低いこともあり、賃金を引き下げないと年金額が減額される労働者が過半数を占めます。一方で、改正法の施行により在職老齢年金制度が60歳台前半と65歳以後で統一されると、在職老齢年金による調整の対象者はぐっと減る上、令和7年度以降（女性は令和12年度以降）はそもそも65歳より前に年金をもらうことが原則できなくなります。

　こうしたことから、今後は年金が減額されることを説得材料として賃金を引き下げようとしても、労働者側が応じない可能性が高くなることが予想されます。また、60歳台前半の年金が支給されなくなれば、当然そうした説得自体が不可能となります。

③ 雇用保険の加入と失業給付

　以前は、65歳以上の労働者については新規で雇用保険に加入することができませんでした。しかし、現在は法改正により、65歳以上の労働者であっても新規で雇用保険に加入することができます。

　一方で、65歳以上で失業した場合の給付は、通常の基本手当では

なく高年齢求職者給付金というものに変わります。基本手当よりももらえる日数（※）は少ないものの、雇用保険の加入期間が短くてももらえるのが特徴です。また、高年齢求職者給付金は一時金（一括）での支給となります。

　高年齢求職者給付金よりも基本手当のほうがもらえる日数が多いことから、高年齢労働者からすると 65 歳よりも前に退職するインセンティブとなる場合があります。ただし、会社には高年齢者雇用確保措置により高年齢労働者を原則 65 歳まで雇用する義務があるため、労働者が基本手当の受給を希望する場合、あくまで労働者からの希望で 65 歳よりも前に退職してもらう必要があります。

※　雇用保険の給付額は、退職前の賃金から失業 1 日当たりの給付額を決定し、それを何日分支払うかで決定されます。

	支給方法	支給日数
基本手当	4 週間に一度、失業の認定を行い、認定を受けた日数に応じて支給	被保険者期間が 　1 年以上 10 年未満　　90 日 　10 年以上 20 年未満　120 日 　20 年以上　　　　　　150 日 ※　特定受給資格者及び一部の特定理由離職者、就職困難者に該当しない場合
高年齢求職者給付金	失業の認定を受けた後、全日数分を一時金（一括）にて支給	被保険者期間が 　1 年未満　30 日 　1 年以上　50 日

④ 同一労働同一賃金

　近年の働き方改革により、同一労働同一賃金という言葉は、その正確な意味はともかく、言葉自体は一般層にもかなり浸透しています。

　そのため、定年のみを理由とする慣例的な賃金引下げに対し抵抗を見せる労働者は、今後ますます増えていくことが予想されます。

3 会社の方針決定

（1） 定年後再雇用者は会社の戦力か

　法制度上の規制と、労働者側の需要等を踏まえ、会社はどのように定年後再雇用者の労働条件決定の方針を立てていけばよいのでしょうか。

　実は、定年後再雇用者の労働条件を決定するための方針は大きく2つしかありません。定年後は「法律上の義務を果たすために仕方なく雇用する」のか、それとも定年後も「会社の戦力として雇用する」のかです。

① 福祉的雇用

　会社には、高年齢労働者が希望する場合、65歳まで雇用する義務があります。そして、本書で解説してきた「定年を理由に賃金を引き下げる」という日本の雇用慣行は、まさに「法律上の義務を果たすために仕方なく雇用する」ことに適したものとなっていました。法律上の義務を果たすため、会社が負わなければならない負担を、賃金引下げによる人件費削減という形で和らげることができたからです。しかも、定年後再雇用の場合、通常、賃金を引き下げる際について回る「労働条件の不利益変更」という問題を避けることができます。

　このような法的義務を果たすためだけの雇用を、本来の意味での「雇用」、すなわち、人を雇い、労務の提供に対してその対価として賃金を支払うという意味での「雇用」と呼ぶのは難しく、学習院大学の今野浩一郎教授はこうした雇用のことを「福祉的雇用」と呼んでいま

す。本書でも以降はこれにならい、こうした高年齢労働者の雇用のことを「福祉的雇用」と呼んでいきます。

さて、こうした福祉的雇用を今後も続けていくことは不可能ではないにしろ、同一労働同一賃金にきちんと配慮しないと、リスクのある方法となるのは第3章までで見てきたとおりです。

また、そもそも「定年を理由に賃金を引き下げる」、すなわち在職老齢年金と高年齢雇用継続給付金の額から再雇用後の賃金を決定するというのは、職務や職責、成果と賃金の関連性がなく、もっといってしまうと、高年齢労働者の働きを評価することなく賃金を決めるということにほかなりません。

そのため、福祉的雇用は高年齢労働者の労働意欲を奪う可能性があり、高年齢労働者の離職や生産性低下のリスクがある雇用の仕方であるといえます。

また、日本の労働人口が減少局面にあるうえ、近い将来、5人に1人が60歳以上の高年齢労働者になるといわれている現状で、福祉的雇用をいつまでも続けていて本当によいのかは考えておく必要があります。

② 戦力としての雇用

福祉的雇用とは反対に、定年後も高年齢労働者を戦力として考えて雇用し、その働きに応じて賃金を支払う場合はどうでしょうか。

こちらについては、定年後も定年前と同じように働かせるのか、それとも戦力としては考えるけれども定年前とは異なる形での貢献を求めるのかの2つの方向性があります。

ア 定年前と変わらない貢献を求める

まず、定年後再雇用者の会社への貢献について「定年前と変わらない貢献を求める場合」というのは、定年前と定年後で賃金や職務内容

を変更せず、そのまま働いてもらうという形になります（定年前と求める貢献は変えずに賃金を引き下げる場合、それは戦力としての雇用ではなく、①でみた福祉的雇用となります）。

こうした労務管理を行う場合、再雇用制度を利用した、会社主導による賃金の引下げや労働条件の変更はできないものの、賃金の引下げというリスクを冒す必要はなくなりますし、評価制度などの人事制度も定年前と定年後で分ける必要もなくなります。

そもそも、この場合、定年の際に再雇用する必要性自体が低く、実際、すでにこうした労務管理をしている会社では、勤務延長制度や定年延長の導入、あるいは定年自体を廃止しているところも少なくありません。

そのため、今後、定年後再雇用者を戦力として考え、定年前と変わらない貢献を求める場合、再雇用ではなく、勤務延長制度や定年延長の導入、あるいは定年自体の廃止も検討の対象となるでしょう。

一方、定年前と変わらない貢献を求めつつも、再雇用制度を導入する場合というのは、再雇用による契約の締結し直しの際に、個々の労働者の事情に応じて柔軟に労働条件を変更したい場合などが考えられます。

イ　定年前と異なる貢献を求める

「定年前とは異なる貢献を求める」場合、当然、職務内容を変更するのか、職責を変更するのかといったように、どのような形での貢献を求めるのかということを決めなければなりません。また、職務内容や職責等を変更するので、アの「定年前と変わらない貢献を求める」場合と比べて、均衡待遇に基づく賃金の引下げも容易です。

さて、定年前と異なる貢献を求める場合、一番多いのは後進の育成に回ってもらう、という方向性だと思います。経営者や人事労務担当者からしても、高年齢労働者から他の若い労働者に知識や技術が受け継がれるのは望ましいことでしょう。ただ、間違えてはいけないの

は、知識や技術を持っている高年齢労働者が必ずしもほかの人を育成する能力があるとは限らない点です。もともと管理職などの形で定年前から人材育成の経験があった人であれば別ですが、そうでない人がいきなり後輩等に仕事を教えるとなった場合、上手くいく保証はどこにもありません。今まで感覚的にやってきたことを言葉で伝えられなかったり、言っても上手くできない後輩に対して言葉がついキツくなってしまったり、そもそも世代が違いすぎて教える、教えられるという関係性を築けないということもあります。

　こうしたことを避けるには、高年齢労働者に対して「教え方を教える」必要が出てきます。つまり、高年齢労働者に対する人材教育が必要なわけです。

　こうした高年齢労働者に対する人材教育の必要性は後進の育成に回ってもらう場合に限らず、定年を機に職務内容を変える場合などについても同様に必要となる場合があり、定年前と定年後の職務内容が大きく変わるのであれば、当然、その必要性はより高まります。戦力としての雇用を考えるのであれば、高年齢労働者が戦力でいられるよう人材教育が必要ということです。

（2）　定年後再雇用者の人事制度をどうするか

　これまでの定年を理由に賃金を引き下げる労務管理の場合、定年後を嘱託扱いにするなど、定年前と定年後で異なる労務管理をしているのが普通です。先の学習院大学の今野浩一郎教授は、定年前の制度と定年後の2つの制度が同じ会社に存在することからこうした労務管理のことを「一国二制度型雇用」と呼んでいます。

　会社の方針として福祉的雇用を選択する場合、否応なくこの一国二制度型雇用を継続することになります。

　では、戦力としての雇用を選択する場合はどうかというと、福祉的雇用同様に「一国二制度型雇用」を選択することができる一方で、定

年前と定年後で同一、もしくはそれに近い労務管理を行うことを理由に「制度を統一」することもでき、どちらかを選択する余地があります。

　定年後再雇用を機に職務内容や職責の変更を行う場合も、制度を統一している場合、その制度内での職務内容や職責の変更という形が取れる一方、一国二制度型とする場合、別制度への移行に伴う職務内容や職責の変更という形が取れるからです。

　では「一国二制度型雇用」「定年前と定年後で制度を統一」、それぞれの違いや、導入にあたって問題となる点はどのようなことでしょうか。

①　一国二制度型雇用

　一国二制度型雇用の場合、制度を構築する上で避けて通ることができないのが同一労働同一賃金です。

　定年前と定年後の２つの制度とは要は「正規の制度」と「非正規の制度」のことですから、この２つの制度の均衡が取れていないと同一労働同一賃金に違反する可能性が出てきます。

　加えて、一国二制度型雇用はそもそも、定年を機に賃金を引き下げるという、これまでの雇用慣行の延長、すなわち福祉的雇用を基にしたものです。そのため、戦力としての雇用の方針のため一国二制度型雇用を採用したとしても、制度設計や運用に失敗すると、戦力としての雇用とはいいつつ、結局は福祉的雇用に落ち着いてしまう可能性もあります。

②　定年前と定年後で制度を統一

　定年前と定年後で制度を統一する場合、定年前と定年後で完全に同一とする場合と、基本は同一としつつ一部で異なる部分を設ける場合

とがあります。

ただ、どちらの場合であっても、まずはそもそも再雇用制度を残す必要があるのかから検討する必要があります。

なぜならば、制度を同一とする場合、賃金規程や異動、職務内容の変更などの人材活用の仕組みなど、定年前の制度の全て、もしくはそのほとんどを定年後再雇用者に適用することになるからです。そうであるなら、わざわざ定年で一度契約を締結し直す必然性は低く、勤務延長制度を採用したり、定年自体を延長したりするほうが、労務管理上、混乱が少ないと考えられます。

そのため、特に、制度だけでなく会社への貢献についても定年前と同一のものを求める場合、勤務延長制度や定年延長、定年廃止も視野に制度設計を考えることも必要となってきます。

一方、定年前と定年後で制度を同一としつつも、再雇用制度を残す場合というのは、定年を理由に高年齢労働者の職務内容等の労働条件を変更したいか、待遇を引き下げたいか、あるいはその両方かと思います。なので、これらが理由なのであれば再雇用制度を残すことには十分に意味があります。ただし、再雇用制度により高年齢労働者を短時間・有期雇用労働者としてしまうと、パートタイム・有期雇用労働法8条もしくは9条の適用、つまりは第3章で見た同一労働同一賃金の対象となる点には注意が必要です。

ちなみに、労働条件の見直し、待遇の引下げ、いずれの場合であっても、労働条件の不利益変更という問題さえ対処できれば、再雇用制度を利用しなくても、60歳に達したことなどを理由に高年齢労働者の待遇を下げること自体は可能です。

その他、制度を同一とする場合に、定年前の制度を定年後再雇用者にそのまま適用（例えば、退職金規程など）すると問題が出る場合があります。こうした場合、制度を同一としつつも、一部で異なる部分を設けたほうが労務管理上の混乱は避けられます。

とはいえ、異なる部分を必要最低限としたり、定年前と定年後で不

公平となるような部分に対して変更を適用したりするのであればともかく、異なる部分の範囲をあまり広げすぎると、当然、それは制度を統一しているとはいえず、一国二制度型雇用を適用しているのと変わりありません。

そして、何らかの形で制度を統一する場合、これまで定年を機に賃金を引き下げる雇用慣行をしてきた会社については、これまでと同じような賃金の引下げは難しくなります。そのため、こうした場合、引き下げることのできなかった賃金の原資をどうするか、という問題が出てきます。

(3)　その他の会社の方針決定に影響する事柄

以下では、「福祉的雇用」「戦力としての雇用」以外で、会社の方針を決定する際に検討が必要な事項について解説します。

①　他の非正規雇用の制度との兼ね合い

定年後再雇用者の場合、多くは短時間・有期雇用労働者、すなわち非正規の労働者となります。一方で、多くの会社には、パートやアルバイトのように、定年後再雇用者以外の非正規労働者もいます。

両者は同じ「非正規」であり、政府の統計などでも一緒にされることが多いですが、こと会社内でいえば、両者を同じ扱いとしているところは少ないでしょう。両者は雇用に至る経緯も違えば、行っている業務も違うことが多く、それこそ同じ「非正規だから」という理由で両者の制度を統一することは困難、もしくは不可能な会社が多いはずです。

一方で、働き方改革以降、同一労働同一賃金を盾に、政府は会社に対して正規と非正規という枠組みを取り払うよう働きかけています。実際には、正規と非正規の枠組みの解消なしでも、日本版同一労働同

一賃金の達成は可能ではあるものの、これを機に人事制度改革の一環として、あるいはジョブ型雇用（145ページ参照）の導入のため、そうしたチャレンジを行いたいと考える会社もあることでしょう。

その場合、正社員とパート・アルバイト等の制度統一だけ、あるいは正社員と定年後再雇用者の制度統一だけ、といったように、一部分ではなく、パート・アルバイト等、定年後再雇用者、まとめて正社員と制度を統一することが望ましいといえます。

そのため、正社員とパート・アルバイト等の制度統一、あるいは正社員と定年後再雇用者の制度統一を考える場合は、正社員とパート・アルバイト等と定年後再雇用者の制度統一についても検討すべきでしょう。

② 定年後再雇用者をいつまで雇用するか

これは第5章のテーマにも繋がってきますが、定年後再雇用者をいつまで雇用し続けるのか、についても考えておく必要があります。

高年齢労働者の雇用において、最優先で解決すべき課題は、間違いなく定年後再雇用者の同一労働同一賃金です。その一方で、政府は令和3年4月1日より70歳までの就業確保を努力義務とするなど、70歳までの雇用等に向けて様々な動きを見せています。

つまり、定年後再雇用者の同一労働同一賃金達成の次、もしくは並行して対処すべき課題は、70歳までの雇用もしくは就業の確保なのです。

そのため、定年後再雇用者について方針を決める際は、現行の法律で義務付けられている65歳までとするのか、それともそれ以降も雇用し続けるのか検討しておく必要があります。そして、同じ高年齢労働者のことですので、65歳までの雇用と、70歳までの就業確保についてはなるべく一緒に検討したほうがよいでしょう。

③　労働者の事情や要望

　会社の中には労働者側の事情や要望に合わせて、個々の労働条件を決定したいと考えるところもあるでしょう。それも１つの方針だとは思いますが、だとしても、会社としての軸は「福祉的雇用」なのか、「戦力としての雇用」なのかは決めておかないと、場当たり的な対応となりやすく、また制度設計自体も困難となります。

　よって、会社としては、労働者の事情や要望を考慮するとしても、定年後再雇用のプリンシプル（原理原則）を固めた上で、労働者個々の能力や健康状態、家庭の事情、今後のキャリアプランに関する要望を踏まえて労働条件を決めていくことが最善かと思われます。

（4）　会社の方針決定のまとめ

　「福祉的雇用」及び「戦力としての雇用」をまとめると、以下のようになります。

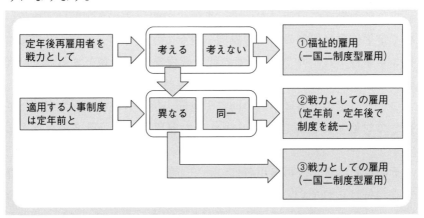

　実際には、上記図の①②③は明確に分かれているわけではなく、福祉的雇用とはいいつつ、一部では戦力として定年後再雇用者を活用することもあるでしょう。また、定年前と定年後の制度を統一する場合

も、定年前と定年後の退職金の支給の有無など、細かい違いが残ることは往々にしてあります。加えて、戦力としての雇用となる②と③については、いずれも定年後再雇用者に定年前と変わらない貢献を求めるか、異なる貢献を求めるか、ということも考えなければなりません。

そうした細かい違いから、さらに細かく分類することも可能ですが、そういったことはもはや実務ではなく研究の領域であり、あまり深入りすると実務にとっては有害な場合もあります。なので、大まかかもしれませんが、シンプルでわかりやすい上記の分類から、方針を固めるのが会社にとっては最善かと思われます。

ただ「福祉的雇用」か「戦力としての雇用」かの方針決定にあたっては、単にどちらがよいか、というだけで決められる問題ではありません。会社の経営理念やビジョン、成長戦略と足並みを合わせる必要がありますし、賃金の原資や制度変更に伴うコストといった問題もあります。また、定年後再雇用者以外の非正規との兼ね合いや、雇用する年齢を65歳までとするか70歳までの就業確保を見据えるかによっても、選択する方針は変わってくるはずです。

それらを踏まえ、「福祉的雇用」か「戦力としての雇用」かを決めた後に考えないといけないのが、人事制度上の課題です。

定年後再雇用者を戦力として考えるかどうかにかかわらず「一国二制度型雇用」を選択する場合、同一労働同一賃金の問題がついて回りますし、「定年前と定年後で労務管理を統一」する場合においては、どのようにその統一を進めるかが大きな課題となってきます。ただ

し、制度の統一にあたって重要となるのは、こちらもやはり同一労働
同一賃金です。

◆選択する人事制度ごとの課題

・一国二制度型雇用　→	同一労働同一賃金の達成
・定年前・定年後で 　労務管理を統一　→	制度統一をどのように進めるか（＋同一労働 同一賃金の達成）

　次項からは人事制度ごとの課題をいかに解決するかについて検討し
ていきます。

4 人事制度ごとの課題 1
～一国二制度型雇用と同一労働同一賃金

　会社の方針として、福祉的雇用もしくは戦力としての雇用を選択する場合で、人事制度を「一国二制度型雇用」と決めた場合、同一労働同一賃金の達成が一番の課題となります。

　そして、本書でも繰り返し述べてきたように、日本版同一労働同一賃金では「労働条件その他」に何らかの相違がある場合、その「相違に応じた待遇差」を設けることが可能です。そのため、ここではまず待遇差の根拠となり得る「労働条件その他の相違」を挙げてから、不合理とならないような「待遇差」について検討していきます。

　以下では、「福祉的雇用」のほうが法的に問題となりやすい部分が多いこと、さらには「戦力としての雇用」の観点から見た場合でも最低限の労働条件と見ることができることから、「福祉的雇用」を前提とする形でそれぞれの労働条件について具体的に見ていきます。

（1）　労働条件その他の相違

① 労働時間、労働日数

　日本の労働法制では賃金と労働時間は密接に関連しているため、定年後再雇用するにあたって賃金を引き下げる際、労働時間や労働日数も減らすのは比較的リスクの低い方法です。また、基本給はもちろんのこと、均等待遇が求められる多くの諸手当も、労働時間や労働日数に比例する形であれば、待遇差を設けることが可能なものも少なくありません。

　ただし、労働時間及び労働日数に関しては減らしすぎてしまうと、

賃金が極端に引き下げられ定年後再雇用者の生活に影響が出るほか、定年後再雇用者が社会保険や雇用保険に加入できないという問題が発生します。

　社会保険に加入しない場合、在職老齢年金の問題はなくなるものの、定年後再雇用者に家族がいる場合、その家族は健康保険の被扶養者等になれません。また、老齢厚生年金の支給開始年齢が徐々に引き上げられていることを考えれば、多くの労働者にとっては加入しないメリットよりもデメリットのほうが大きいことでしょう。そのため、健康状態や家庭の事情など労働者の要望により労働時間や労働日数を減らす場合も、加入の意思については確認すべきです。

　また、雇用保険に加入しない場合、高年齢雇用継続基本給付金の支給は受けられず、退職時も失業に関する給付をもらうことができません。

◆ 労働時間・労働日数から見た公的保険の加入条件

社会保険	・1 週間の所定労働時間が 20 時間以上（特定適用事業所） ・1 週間の所定労働時間及び 1 月の所定労働日数が常時雇用者の 4 分の 3 以上（特定適用事業所以外）
雇用保険	1 週間の所定労働時間が 20 時間以上

② 労働の提供内容

　次に、定年後再雇用者の労働の提供内容についてです。定年後再雇用者の賃金の引下げについては、長澤運輸事件で見たように「その他の事情」が大きく考慮されます。

　とはいえ、「職務内容」「人材活用の仕組み」について、同一のままよりも変更があったほうが賃金を引き下げる際のリスクは低下します。

　ただし、職務内容の変更に関しては、再雇用時に提示する職種が定

年前の業務と全く別個の職種に属する場合、継続雇用としての実質を欠き許されないとする裁判例もあります（トヨタ自動車事件名古屋高裁平成28年9月28日判決）。例えば「ホワイトカラーをブルーカラーに」のような職務内容の変更は基本的には認められないと考えたほうがよいでしょう。

　一方、人事異動や転勤を制限し勤務地を限定することや、役職から外すなどの職責の変更、時間外労働の免除などは、会社としても対応が比較的容易なうえ、働き方をセーブしたいと考える労働者であればその要望に合うものが多いと考えられます。

　いずれにせよ、賃金の引下げありきで考えると上手くいかず、労働者の要望とも合わない可能性が高いため、まずは会社の方針に基づき、定年後再雇用者に何を求めるかを明確化したうえで、個々の定年後再雇用者の事情を考慮しつつ決定すべきでしょう。

③　その他の事情

　再三述べていることですが、定年後再雇用者の場合、それ自体が待遇差を設ける「その他の事情」となり得ます。ただし、その理由となっていた各種制度が変更されるため、今後もそれを理由とし続けることは難しくなることが予想されます。

　その一方で、長澤運輸事件では住宅手当や家族手当の不支給を不合理と認めず、その理由は、定年後再雇用者の場合、定年前の労働者と比較して住宅や家族にかかる費用が定年前の労働者よりも低い傾向にあることを考慮したものでした。こうした傾向は、法改正後や、年金の受給年齢が原則65歳からに引き上げられた後であっても変わることはないため、住宅手当や家族手当を不支給とする理由として残り続けるはずです。

（2）　相違に応じた待遇差（各種賃金項目の検討）

　定年後再雇用者の賃金その他の待遇について具体的に見ていきます。ここでも基本的には「福祉的雇用」を念頭に検討を進めていきます。

①　基本給

　長澤運輸事件では基本給の形態が正社員と嘱託社員で大きく異なっていたため、基本給そのものについては争われませんでした。その一方で、地裁ではありますが、令和 2 年 10 月 28 日の名古屋地裁にて、定年前と定年後で職務内容及び人材活用の仕組みに変更のなかった定年後再雇用者の基本給に関する判断が行われています（名古屋自動車学校事件）。

　本件では、定年後の基本給が、定年前と比較して、定年前の基本給の 6 割を下回る引下げは「生活保障の観点からも看過しがたい水準」であることを理由に、その待遇差を不合理と認めました。ただ、6 割を下回ったことについて不合理と認めたということは、逆にいうと、職務内容が同じであっても 4 割までの減額であれば問題ないと判断した、と考えることもできます。

　もちろん、本件は地裁での判断なので、今後、高裁や最高裁で判断が変わることはあり得ます。加えて、今回の判断には、令和 2 年通常国会の法改正の内容やパートタイム・有期雇用労働法の改正内容、さらには今後の老齢厚生年金の支給開始年齢の引上げといった要素は含まれていません（今回、訴えを起こしたのは平成 25 年〜26 年に再雇用された労働者）。また、地裁が示した「定年前の 60％程度」という基準も高年齢雇用継続給付を前提としたものであると考えられますが、こちらについても将来的な制度の縮小・廃止がすでに決まっています。

つまり、本判決を基に「基本給を定年前の6割まで下げる」とすることは、今はよくても、将来的にも同じ判断がされる保証はなく、時間とともにリスクが高まると考えられるわけです。

こうしたリスクを下げたいのであれば、定年後再雇用者であることだけを基本給引下げの理由とするのではなく、職務内容や人材活用の仕組みといった労働条件を変更するしかありません。職務内容及び人材活用の仕組みに関して定年前と定年後で同一だった長澤運輸事件や名古屋自動車学校事件ですら、その他の事情を理由にある程度の待遇差を認めていたことを踏まえれば、それは明らかでしょう。

② 諸手当（家族手当、住宅手当を除く）

正規と非正規の諸手当の待遇差については、その雇用形態にかかわらず、その手当の支給目的に沿った支給が必要です。

それは、定年後再雇用者であっても変わることはなく、長澤運輸事件では、精勤手当の不支給について「手当の趣旨と支給要件に照らせば、正社員と定年後再雇用者の職務内容が同一である以上、必要性に相違はない」とし、不合理と認められています。

そのため、役職手当（※）や食事手当、通勤手当など、定年後再雇用者であることが不支給の理由とならないような手当については、精勤手当と同様の判断が行われると推定されます。

※　長澤運輸事件では役職手当の不支給について不合理とは認めていませんが、これは原告が役付手当を年功給と主張したためです。定年前の労働者と定年後再雇用者が同じ役職に就いていて、定年後再雇用者にだけ役職手当が支払われていない場合、不合理な待遇差と認められる可能性は高いでしょう。

③　住宅手当、家族手当

　同一労働同一賃金ガイドラインでは、住宅手当と家族手当について
は具体例が挙げられていません。

　一方で、ハマキョウレックス事件では、住宅手当について「転勤に
伴う住居の変更を補助する性格」を持ち、転勤のある正社員と、それ
がない契約社員で支給に差があることは不合理ではないとしていま
す。また、日本郵便事件では、家族手当について「社員の生活保障や
福利厚生を図り、継続的な雇用を確保するためのもの」であるとし、
相応に継続的な勤務が見込まれるのであれば、正社員だけでなく契約
社員にも支給が必要との判断をしています。

　では、定年後再雇用者についてはどうかというと、住宅手当、家族
手当、いずれにおいても長澤運輸事件で不合理かどうかの判断が行わ
れており、不支給であることについて不合理とは認められないと判断
しています。

　その理由としては「幅広い年代の労働者が存在する正社員について
は住宅費及び家族を扶養するための生活費を補助することには相応の
理由がある一方、定年後再雇用者に関しては正社員として勤務した後
に定年退職したものである上、老齢厚生年金や調整給が支給されると
いった事情を総合考慮」したためです。強引にまとめてしまうと「定
年後再雇用者だから」といっているのとほとんど変わりません。

　ただし、住宅手当と家族手当の不支給が不合理といえない理由とし
ては上記のほかに「老齢厚生年金の支給を受けることが予定されてい
る」「老齢厚生年金の支給が開始されるまで2万円の調整給が支給さ
れる」といった点も挙げられており、定年後再雇用者であれば無条件
に住宅手当や家族手当を支払わなくてもよい、ということではない点
に注意が必要です。

④ 賞 与

　賞与については長澤運輸事件にて、以下を理由に、定年後再雇用者に対して不支給であっても不合理ではないと判断しています。

・老齢厚生年金の支給を受けることが予定されている
・老齢厚生年金の支給が開始されるまで 2 万円の調整給が支給される
・年収ベースの賃金が定年退職前の 79％程度である
・定年退職にあたり、退職金の支給を受けている

　一方、基本給の項でも触れた名古屋自動車事件においては、定年後再雇用者の賞与が、額自体が若手正社員よりも低い上に、定年後再雇用者の賃金総額が定年前の 60％前後と「生活保障の観点からも看過しがたい水準」であること、さらにこうした待遇は労使間の話合いによって決定されたものでないことなどを理由に、定年後再雇用者に対する賞与額が定年前と比較して低いことは不合理であるとの判断をしています。

　この 2 つの裁判例の対比から、特に職務内容や人材活用の仕組みに変更のない定年後再雇用者の賞与については、定年後再雇用者の賃金総額や、労使間での協議の有無やその内容が重要といえます。

　また、定年前と定年後で職務内容や人材活用の仕組みに変更を加える場合については、大阪医科大学事件についても参考とすべきです。

　大阪医科大学事件での賞与は、基本給（職能給）を支給基準としていることや、功労報償的性格や意欲向上目的といった賞与の性質から、人材の確保やその定着を目的としていると最高裁は判断しました。そして、こうした支給目的を踏まえ、職務内容や人材活用の仕組みに相応の相違がある場合、あるいはその他の事情がある場合に、一定の待遇差を設けることは不合理ではないと判断しています。

　つまり、人材の確保やその定着を目的とする場合で、職務内容や人材活用の仕組みに相違がある場合、もしくはそれ以外のその他の事情

がある場合、正規と非正規、あるいは定年前と定年後で賞与に待遇差を設けることは問題ないと考えられます。

⑤　昇給、退職金

昇給及び退職金については長澤運輸事件では争われませんでした。ただし、定年後再雇用者の退職金については、一般的に定年退職時に支給が行われるのが普通であることを考えると、不支給であっても問題はないと考えられます。また、メトロコマース事件では職務内容や人材活用の仕組みの相違、さらにはその他の事情を理由に契約社員への退職金不支給を不合理とは認めなかったため、こうした労働条件の相違がある場合にはなおさら、不合理と認められるリスクは減るはずです。

昇給についても、長澤運輸事件の他の賃金項目に関する判断から、労働条件の決定の際に「年収ベースの賃金」が極端に低くならないのであれば、行わなくても問題ないとみられます。

⑥　その他

長澤運輸事件では、会社が定年後再雇用者に対して老齢厚生年金の報酬比例部分の支給が開始されるまでの期間、2万円の調整給の支給があったことを「その他の事情」として評価しています。このことから、調整給の支給は正社員に支給している他の諸手当を不支給とする際の理由になり得るものといえます。また、老齢厚生年金の支給開始とともに支給が不要になる分、65歳まで他の手当を支給するよりも調整給のほうが人件費を抑えられます。

また、長澤運輸事件の調整給の2万円という額は、労使間での協議によって決定されたものですが、こうした労使間での協議の有無やその内容についても、同一労働同一賃金において「その他の事情」とし

て考慮されます。

(3) 「相違に応じた待遇差」以外の方法

　日本版同一労働同一賃金は原則として、労働条件に相違があるならその相違に応じた待遇差を設けられますが、相違がないのであれば待遇差自体を設けることができません。また、相違がある場合でも、その差がわずかな場合、設けられる待遇差の幅も小さくなります。

　よって、相違に応じた待遇差だけでは賃金引下げに限界が出てくることがあります。そして、そうした状況であっても人件費の関係で賃金を引き下げないといけない場合、定年後再雇用者の賃金だけでなく、定年前の労働者、つまり、正規の労働者の賃金の見直しも必要となります。

　もちろん、正規の労働者の賃金を引き下げるとなると、労働条件の不利益変更の問題が出てきますし、労働者の同意を得ずに断行すれば、労使間で争いとなるのは必至です。

　そのため、賃金を引き下げる場合は、相応の移行期間を用意し、昇給と相殺されるような形で徐々に賃金を引き下げていくなどショックを和らげ、労働者の同意を得やすい形を取る必要があります。

　また、同一労働同一賃金の観点からいうと、引き下げる賃金も基本給に手を付けることはなるべく避け、諸手当の廃止という形を取るほうが効率的です。

　というのも、基本給であっても、諸手当であっても、賃金を引き下げるリスク自体は大きく変わらない一方、同一労働同一賃金において諸手当は、それがあるだけで問題となることがあるからです。言い換えると、必要性の低い手当を残しておくと、その支給不支給の妥当性をめぐって、非正規の労働者と争いになる可能性があるということです。

　そうしたことにあらかじめ対処することができることからも、まずは諸手当の見直しを検討したほうがよいと考えられます。

5　人事制度ごとの課題2 〜制度統一と同一労働同一賃金

　福祉的雇用をしてきた会社が、会社の方針として、戦力としての雇用を選択し、人事制度を「定年前・定年後で統一」すると決めた場合、いかにして両者の制度を統一していくかが課題となります。

（1）　制度統一にあたって

　「制度を統一する」と聞くと、大きな制度改革が必須と思われるかもしれませんが、必ずしもそうではありません。なぜなら、定年前の制度をそのまま定年後の労働者に当てはめることができるのであれば、とりあえずの制度統一はできるからです。こうした対応で特に問題がないのであればそれで構いません。

　しかし、福祉的雇用からの移行として定年前と定年後の制度を統一するとなると、多くの場合、賃金の原資の問題が発生します。というのも、通常、定年後よりも定年前の待遇のほうがよいため、定年前に合わせる場合はこれまで定年を機に引き下げていた分の賃金の原資が不足することになるからです。逆に、定年前の労働条件を定年後に合わせるということもできなくはありませんが、定年前の労働者の労働条件を引き下げる必要が出てくるので、労働条件の不利益変更の問題が発生します。

　実際には、どちらか一方に偏った対処をするのではなく、定年前の労働者の労働条件を引き下げつつ、定年後の労働条件を引き上げるといった形を取るのが現実的な解決策となります。その際に重要となるのが、やはり同一労働同一賃金です。

(2)　同一労働同一賃金を念頭に置いた統一

①　パートタイム・有期雇用労働法8条及び9条

　制度統一にあたって、定年後再雇用者の職務内容及び人材活用の仕組みも含めて定年前と同一とする場合、パートタイム・有期雇用労働法9条の適用を受ける可能性があります。そして、仮に9条の適用を受ける場合、8条の適用であれば不合理とされなかったような手当の支給不支給の待遇差が、9条適用の場合には差別的取扱いとして無効となる可能性が出てきます。

　一方、有力な学説には、差別的取扱いを正当化する合理的理由（つまり、「その他の事情」）がある場合、9条が適用されない場合もあり得るとしているものがあります。これを定年後再雇用者に当てはめると、8条と同様に「定年後再雇用者」であること自体が「その他の事情」として考慮され、9条は適用されないと考えることもできます。

　そのため、判断に迷うところですが、少なくとも定年後再雇用を機に待遇等に手を加えたい場合で、よりリスクを下げたい（9条の適用を避けたい）のであれば、定年前と定年後で職務内容もしくは人材活用の仕組みに一定の相違を設けたほうが安全です。この場合、考えられるものとしては職務内容や職責の変更、役職定年などですが、名目上は職務や職責が変更されていたり、役職が外されていたりしたとしても、実態としては定年前と変わらないという場合、8条ではなく9条が適用される可能性が高まるため注意が必要です。

②　定年前の労働者の労働条件の見直し

　ただ、8条の適用を前提にする場合であっても、戦力として定年後再雇用者を考える以上は、職務内容や人材活用の仕組みに相違があったとしても、大幅な賃金の引下げを行うことは難しいと考えられま

す。

　一方で、141ページで見た「「相違に応じた待遇差」以外の方法」のように、定年前に支払っていた手当をなくし、定年後には支払われていなかった手当を支給するといったように、諸手当を見直す形であれば、定年前と定年後の制度を統一する場合であっても、同一労働同一賃金に基づいた調整が可能となります。

　その際、問題となるのはやはり正社員の手当をなくすという労働条件の不利益変更にかかる部分で、これに対応するには、相応の移行期間を用意し、昇給と相殺されるような形で徐々に賃金を引き下げていくなどショックを和らげ、労働者の同意を得やすい形を取る必要があります。

　また、定年後再雇用者については、長澤運輸事件の最高裁判決が示すように、住宅手当や家族手当、退職金など、「定年後再雇用者」であることによって、不支給が不合理とならない可能性が高くなる賃金項目があります。そのため、諸手当の見直しだけでは賃金の原資や不利益変更の問題が解決できない場合、これらの賃金項目の見直しについても検討する必要があるでしょう。

（3）　ジョブ型雇用への転換を含む人事制度改革

①　正社員の人事制度改革に伴う制度統一

　前項のような諸手当の見直しを中心とした制度の統一は、定年前の人事制度を大きく変えずに制度を統一する場合に非常に有効であると同時に、手間のかからない省エネな方法といえます。

　一方で、定年前の制度、つまり、正社員の制度も含めた大規模な人事制度改革を行うことで人事制度の統一を行うという方法もあります。正社員の人事制度や賃金制度にメスを入れ、定年後再雇用者との扱いの差を是正するというものです。

　しかし、こちらの方法は手当の廃止と比較すると、新しい人事制度や賃金制度の構築を伴うとても手間のかかる方法であり、定年後再雇用者のためだけにそうした対応を取るのは、会社の規模や高年齢労働者の人数によっては、正直にいって、割に合わない可能性もあります。

　ただ、これからの会社の人事制度について、別の視点から考えると、昨今では働き方改革の影響もあり、定年前と定年後労働者だけでなく、パート・アルバイトや契約社員の同一労働同一賃金への対応が会社の急務となっています。加えて、令和２年のコロナ禍で急速に普及が進んだテレワークでは、労働者の働き方だけでなく、会社の労務管理にも大きな影響を与えています。

　そのため、正社員の人事制度について何らかの改革を行いたいと考えている会社は少なくありません。そして、こうした正社員の人事制度改革とともに定年後再雇用者の制度についても見直しを行い制度の統一を図るのであれば、会社にとっても、かかったコスト以上の付加価値は出てくるはずです。

　そのため、正社員の人事制度改革を進める場合には、定年後再雇用者の制度についても併せて検討を進めたいところです。

② ジョブ型雇用の検討

　正社員の人事制度改革について、昨今、注目を集めているのがジョブ型雇用への転換です。

　ジョブ型雇用とは、日本に根付く「新卒一括採用」や「年功序列」「終身雇用」ではなく、その労働者の「職務」に焦点を絞った雇用形態で、その労働者がその仕事を行うにあたって「必要な能力やスキルを持っているか」が重要視されます。ちなみにジョブ型雇用との対比で、終身雇用や年功序列を基本とする従来の日本型雇用のことをメンバーシップ型雇用と呼びます。

　仕事を行う能力やスキルを基準に雇用を行い、評価を行うわけですから、その労働者が正規か非正規か、定年後再雇用者かどうかや働く場所に関係なく評価を行い、賃金を決定することができます。そのうえ、今まで年功序列でどんなに優秀でも賃金の上がらなかった若い労働者からすると、仕事ができれば賃金が上がるため、仕事への熱意やモチベーションにも繋がりますし、会社からすると若くて優秀な人材を獲得しやすくなります。

　いいことだらけのようにも思えるジョブ型雇用ですが、メンバーシップ型からの移行は簡単ではありません。

　ジョブ型雇用というからには、個々の労働者をジョブごとに区分しなければ賃金の決定や評価をすることができません。しかし、日本の労働環境では、労働者ごとに業務内容や、業務量の区分がなされていないことが多く、しかも、区分されていないが故に「みんなでやる」業務みたいなものも発生しています。そのため、改めて業務を区分することが困難となっています。

　また、そもそもジョブ型雇用に耐えられる人材がどれだけいるのか、という問題もあります。今現在、会社内にジョブ型雇用に耐えられるだけの能力を持つものがいなければ、どんなにジョブ型雇用に移行したくても、まずはそのための教育を行わない限りはどうにもなりません。

　加えてジョブ型雇用のメリットの1つに、たとえ専門職の労働者の中から退職者が出ても外部から同様の専門職を雇用することでカバーできる、というものがありますが、ジョブ型雇用黎明期の現在、外部にそうした人材が果たしているのか、というとそのあたりは正直不透明です。

　さらにいうと、そうしたジョブ型雇用、あるいは社会全体としてのジョブ型雇用を前提とした労働市場の達成により労働者の移行がスムーズになった場合、優秀な人材ほど高い賃金を支払う会社に行くことができるようになります。そのため、特に規模が小さくて高い人件

費を払えない会社は割を食うことになります。

　否定的なことばかりを述べましたが、だからジョブ型雇用はダメ、という気は毛頭ありません。ただ、「流行に乗って」という軽い気持ちで移行できるものではないということは踏まえておく必要があります。

（4）　その他

　ここまで見てきた課題は、あくまで今まで福祉的雇用をしてきた会社が定年前と定年後の制度を統一する場合のものであり、現段階で定年前と定年後の制度を分けていない、分けていたとしても定年前と定年後とで差異がほとんどない場合は、こうした課題自体が存在しません。

6 方針に基づく具体的な対応例

　本章では最後に、ある架空の会社を例に、これまでの定年後に賃金を大きく引き下げる労務管理から、法改正や同一労働同一賃金を踏まえた「福祉的雇用」及び「戦力としての雇用」への移行について具体的に見ていきます。

　なお、本項で例として挙げる「労働条件等の相違と待遇差」については、過去の判例や同一労働同一賃金ガイドラインに基づき、かなり余裕を見て、不合理とされないであろうラインを引いたつもりですが、実際に労使で争いになった場合に、司法が同様の判断をすることを保証するものではないことはご了承ください。

（1）　移行を行う会社の概要

　本項で扱う会社は具体的には以下のとおりとなります。

【A 株式会社】
職種：製造業
従業員 100 人（うち、60 歳以上の労働者 10 名）

これまでの 60 歳以上の労働者の扱い
・定年後再雇用後の賃金は定年前の賃金の 60％前後まで引下げ
・手当は通勤手当、時間外・休日・深夜手当を除きすべて廃止
・定年後は役職に就くことはない
・役職以外の業務内容、人材活用の仕組み、労働時間、所定労働日数は
　定年前と同じ
・再雇用後の契約は期間の定めのある有期契約で、契約期間は 1 年。
　労働者が希望する場合は、最長で 65 歳の誕生日まで延長を行う

架空の会社ではあるものの、現状、この会社と同じような管理をしている会社は少なくないのではないでしょうか。

次にこの会社の定年前と、定年後再雇用後の賃金についてです。

基本給や手当の支給状況は、個々の労働者によって異なるのが普通ですが、ここでは話をわかりやすくするため、この会社の平均的な労働者の定年前と定年後の賃金を例に検討を進めていきます。

定年前の賃金		定年再雇用後の賃金	
基本給	320,000 円	基本給	246,000 円
通勤手当	15,000 円	通勤手当	15,000 円
精皆勤手当	10,000 円		
役職手当	40,000 円	総支給額	261,000 円（※）
配偶者手当	20,000 円		
特別作業手当	20,000 円	昇給なし	
資格手当	10,000 円	賞与なし	
		退職金なし	
総支給額	435,000 円		
		※ 435,000 円 ×60％＝261,000 円	
昇給あり			
賞与あり			
退職金あり			

この会社では、定年再雇用後の賃金の総支給額を定年前の60％程度まで引き下げています。これは雇用保険から高年齢雇用継続給付を満額もらうための措置です。ただ、老齢厚生年金と定年後の賃金の兼ね合いもあるため、みな一律に60％程度まで引き下げるのではなく、個々の労働者に合わせて調整を行っています。

また、定年前の手当については、役職者には役職に応じた役職手当を、配偶者がいるもので、その配偶者が社会保険の扶養となっているものについては配偶者手当を支給しています。

特別作業手当とは、特定の危険を伴う機械を動かすものに支給するものです。

資格手当に関しては、会社が資格取得を奨励している資格を取得し、それを取得したものに支給するものとなります。

（2）「福祉的雇用」「戦力としての雇用」に共通するアプローチ

まず、「福祉的雇用」「戦力としての雇用」どちらの方針を取る場合であっても共通することに関して見ていきます。

①　就業規則

定年後再雇用者、というより、同一労働同一賃金において、正規と非正規の就業規則を別々にする、というのは非常に重要なことです。

正規と非正規で同じ就業規則を採用していると、労使間でトラブルになり、司法上の争いになったとき、会社側は正規にだけ適用するつもりでいた就業規則の規定が、非正規に対しても適用されてしまう可能性があるからです。逆に正規と非正規で就業規則を分けている場合であれば、正規の規則が非正規に適用されることを避けることができます。実際、ハマキョウレックス事件では一部の支給項目において「非正規に正規の規定を当てはめることはできない」ことを理由に、不合理かどうかの判断を避けています。

そのため、定年前の労働者と定年後再雇用者の間に、どのような些細なことであっても異なる労働条件等がある場合、定年前と定年後で異なる就業規則を作成したほうが無難です。そして、定年前と定年後で、違いがある部分については必ず規則にて定めをしておく必要があります。

また、特定の定年後再雇用者だけ、定年後の就業規則の一部を適用しないといった場合は、個別の労働契約にそれを定めておく必要があります。

　以上を踏まえると、60歳以降の労働者について、定年前と別の就業規則がいらない場合というのは、定年年齢の延長や定年の廃止、勤務延長制度を採用する場合に限られるはずです。

②　退職金

　定年後に再雇用する場合、定年の際に退職金が支払われるのが普通です。そのため、福祉的雇用の場合だけでなく、戦力としての雇用の場合であっても、定年後の労働者に対しては退職金を支給しないことになるはずです。

　よって、定年前と定年後で統一した制度を用いる場合であっても、退職金については両者の明確な違いとなるため、前項で記載したとおり、就業規則にてその旨を記載しておく必要があります。

③　諸手当の扱い

　賞与を含む諸手当の扱いについても福祉的雇用、戦力としての雇用にかかわらず、基本的な考え方は同じです。

　まず、重要となるのは支給目的であり、その支給目的が定年前か定年後かにかかわらず当てはまるものなのかどうか、そして、その支給目的は労働条件等の相違やその他の事情によって待遇差を設けることが適当なものなのかを考える必要があります。

　この会社で、定年前のものにだけ支給されている手当のうち、精皆勤手当、役職手当、特別作業手当、資格手当については、定年前であっても定年後であっても条件を満たす限り支給が必要な手当と考えられます。ただし、「条件を満たす限りは」なので、定年後に役職に就くことはないとされている以上、役職手当については不支給としても問題はないと考えられます。また、同様の理由で、特別作業手当についても、特別作業手当の支給条件となる作業を行わせないのであれ

ば、不支給であっても問題はないはずです。

　また、配偶者手当については、長澤運輸事件の家族手当の判断を踏まえるに、不支給であっても問題はないと考えられます。ただし、その判断の前提の1つであった老齢厚生年金の支給開始時期は、最高裁の判断が出た当時よりもさらに遅くなっているため、一定の年収（長澤運輸事件の他の賃金項目の判断を参考にするなら定年前の79％程度）を保持しておいたほうがリスクは小さくなります。

　賞与についても、長澤運輸事件の判断から、労使間で十分な協議が行われ、一定の年収（長澤運輸事件の判断を参考にするなら定年前の79％程度）が保持されているのであれば不支給でも問題ないとみられます。加えて、大阪医科大学事件の判断から、定年前と定年後で労働条件等に相応の相違がある場合についても、同様に不支給であっても問題はないと考えられます。

④　個別の労働者との交渉

　会社の方針や制度移行をするかどうかにかかわらず、定年後再雇用の際、労働者側は労働条件の変更を強いられます。そのため、多くの場合、会社と個別の労働者との話合いや交渉が必要となりますが、会社としての方針がしっかり決まっていれば、労働者との交渉の際もそれを土台とすることができます。労働条件の決定の際に労働者側の事情を加味するにしても、土台が定まっているほうが一貫性のある対応ができます。

　では、会社の方針に反して「福祉的雇用」や「戦力としての雇用」を望む高年齢労働者がいた場合はどうでしょうか。大前提として、継続雇用制度を導入する場合、会社には「希望する労働者を65歳まで継続雇用する制度」を導入する義務はあっても、「定年退職者の希望に合致した労働条件で雇用」することまでは求められていません。そのため、正当な理由なく「もう十分に働いたのでセミリタイアさせて

ほしい」「定年後は現場ではなく事務がいい」というような高年齢労働者の要求をのむ必要はありません。また、労働条件の面で折り合いが付かず、結果的に労働者が継続雇用を拒否したとしても、事業主の合理的な裁量の範囲で条件を提示していれば、法違反になることはありません。

とはいえ、高年齢労働者の健康や家庭の事情への配慮は当然必要であり、そうした事情を理由に継続雇用を打ち切ることはできません。また、嫌がらせのような人事異動も許されませんし、再雇用を希望する労働者の足下を見るような低すぎる労働条件は、たとえ、労働者が再雇用の際に同意したとしても、再雇用後に、同一労働同一賃金に反するとして会社を訴えてくる可能性が高まります。

以上を踏まえると、再雇用時の労働条件の交渉において会社側が主導権を握れるよう準備しておくことは難しいことではないことがわかるでしょう。一方で、人手不足に苦しんでいて高年齢労働者にできる限り辞めてほしくないという会社の場合、それなりの譲歩や妥協は覚悟する必要があります。

⑤　高年齢労働者が定年を迎える前に会社がしておくべきこと

「福祉的雇用」「戦力としての雇用」にかかわらず、定年前と定年後で定年後再雇用者に求める役割を変更する場合、できる限り、定年前からその準備を行っておいたほうがよいでしょう。

具体的には、定年後再雇用者の定年後の働き方に関する希望等を聞いておくほか、定年後に求める役割に応じて、当該労働者に教育を行っておくなどです。

特に定年後再雇用者に、定年前と異なる形で戦力として貢献を求める場合、そうした労働者たちへの教育なしで定年前と異なる形での貢献を求めるのは筋が通らない上、当該労働者が戦力として力を発揮することも難しいと考えられます。そのため、こうした場合の教育は、

もはや会社側の義務ともいえます。

(3) 福祉的雇用によるアプローチ

ここからは各方針に基づく制度変更の検討を行っていきます。まずは「福祉的雇用」についてです。

① 定年後の賃金「64％」維持に向けて

福祉的雇用の最大の目的は、人件費を抑えつつ法律上の義務を果たすことにあります。そのため、福祉的雇用を継続する場合、同一労働同一賃金に気をつけつつ、これまでの賃金の引下げ幅をいかに維持するか、この会社でいうなら定年後の賃金の総支給額をいかに「60％」に維持していくかが課題となります。

ただ、より安全を見るなら、あるいは将来の法改正を見据えるなら、令和7年改正法施行の高年齢雇用継続給付において、給付を最大限もらえる額の上限である「64％」を目指したほうがよいと考えられるため、本件では定年後の賃金を定年前の「64％」とすることを目的に、賃金の見直しを行っていきます。

② 諸手当の扱い

同一労働同一賃金においては、基本給よりも諸手当の扱いのほうが重要です。また、諸手当は、支給目的によっては、会社の都合や職務内容等で定年前と定年後で待遇差を設けることができない場合があります。そのため、「64％」という基準を設けている今回のような事例では、手当について支給不支給をあらかじめ決めてから、基本給で調整を行ったほうが効率的です。そのため、まずは諸手当の扱いについて検討していきます。

　この会社では、定年前の労働者にのみ支給されている手当として、精皆勤手当、役職手当、配偶者手当、特別作業手当、資格手当があります。このうち、精皆勤手当については定年後再雇用者にのみ不支給とするのは不合理と認められる可能性が高いため、定年後再雇用者にも支給するか、あるいは定年前の労働者のものを廃止するかといった制度変更が必要です。

　それ以外の役職手当、特別作業手当、資格手当については、条件に当てはまらない限りは支給がなくても不合理となることはないと考えられます。役職手当と特別作業手当については役職定年や業務内容の変更により、会社が能動的に対応可能ですが、資格手当については、すでに資格を持っているものに対して、定年を機に不支給とするのは不合理と認められるリスクがあります。一方で、「資格と業務内容」をセットとして資格手当を支給している場合、つまり、特定の業務に就くものが特定の資格を有している場合にのみ資格手当を支払っている場合であれば、業務内容の変更によって資格手当を不支給にしたとしても、不合理と認められる可能性は下がると考えられます。

　配偶者手当については、152ページで述べたとおりですが、基本的には不支給で問題ないと考えられます。

　以上を踏まえ、本件においては、精皆勤手当・資格手当については定年後再雇用者にも支給を行うことに変更し、役職手当、特別作業手当、配偶者手当については制度変更前と変わらず、支給は行わないと決めました。

③　基本給及び昇給と労働条件等の変更

　次に基本給及び昇給ですが、定年前と定年後の労働者の基本給に待遇差を設ける場合、職務内容や人材活用の仕組みに相違がない場合であっても、現状はある程度、許容されています。

　とはいえ、今後もそうである保証はないため、より会社のリスクを

下げられるよう、ここでは職務内容や人材活用の仕組みの相違による
基本給の引下げについて検討していきます。

ア　所定労働時間もしくは所定労働日数の変更

　まず、基本給を引き下げるうえで最もシンプルな方法は所定労働時
間もしくは所定労働日数を引き下げることです。

　日本の労働法令では賃金と労働時間は密接な関係にあります。その
ため、所定労働時間や所定労働日数の引下げと合わせて基本給を引き
下げることは問題ないわけです。よって、基本給を60％程度まで下
げたい場合、これまで週5日で働いていた労働者の労働日数を週3日
にする、といったように、所定労働時間や所定労働日数のほうを従前
の60％程度に減らすことで達成は可能です。

　ただし、所定労働時間もしくは所定労働日数を60％まで減らして
しまうと、特定適用事業所以外の会社では定年後再雇用者が社会保険
に加入できないという問題が発生します。在職老齢年金による年金の
減額を避けたい場合はそれも選択肢となりますが、低在老と高在老の
統一や、支給開始年齢が原則65歳となることにより、今後はそうし
た高年齢労働者は極端に減るはずです。

　そのため、所定労働時間や所定労働日数を減らしつつも、それと併
せて、次に説明する職務内容や人材活用の仕組みを変更するのが現実
的な方法となります。

イ　職務内容等の変更

　所定労働時間や所定労働日数と比較して、職務内容や人材活用の仕
組みと基本給の関係は決して明確ではありません。よって、どこまで
の相違を設ければ基本給を下げられるのか、あるいは基本給を○パー
セント下げるにはどういった相違が必要かという点には曖昧な部分が
残ります。

　ただ、これまでの判例から無理矢理にでも基準を考えるならば、大

阪医科大学事件での賞与に関する判断は多少なりとも参考になると考えられます。というのも、大阪医科大学事件の賞与に関しては「アルバイト職員は正職員と比べて業務が相当に軽易」「配置転換の有無に違いがある」点を踏まえ、賞与の不支給を不合理と認めなかったからです。

そのため、基本給についても職務内容や人材活用の仕組みが異なり、さらに「業務が相当に軽易」であれば、正規と非正規で大きく異なっていても問題となりにくいと考えられます。これは昇給についても同様であると考えられます。

以上を踏まえて、本件においては、所定労働日数を週5日勤務から週4日勤務に変更することで、所定労働日数を定年前の2割減とすることにしました。

職務内容については定年前と比較して相当程度軽易になるよう、役職を外し、危険を伴う作業からの配置換えを行います。また、人材活用の仕組みについては、定年前と異なり異動等は行いません。

一方で、基本給の額については、高年齢雇用継続給付の関係から他の手当と合わせて「定年前の64％」とする必要があるため、他の手当の支給不支給等を決定してから決めることになります。

また、昇給については、昇給を行ったことで「定年前の64％」という基準が崩れると高年齢雇用継続給付の額が減ってしまうため行いません。

④　賞与、退職金

退職金については定年の際に支給を行うため、定年後再雇用者に対しては支給を行いません。

次に、賞与についてですが、長澤運輸事件では、以下のことを理由に定年後再雇用者に対して不支給であっても不合理ではないと判断し

ています。

---

1. 老齢厚生年金の支給を受けることが予定されている
2. 老齢厚生年金の支給が開始されるまで 2 万円の調整給が支給される
3. 年収ベースの賃金が定年退職前の 79％程度である
4. 定年退職にあたり、退職金の支給を受けている

　ただ、本件では上記のうち 2. と 3. は当てはまらないので、長澤運輸事件だけを見て、定年後再雇用者の賞与の不支給は不合理ではない、とすることにはリスクがあります。

　一方、本件では基本給に関する検討の時点で、大阪医科大学事件での賞与に関する判断を基に、定年後は配置の変更等を行う可能性をなくし、業務内容についても「相当に軽易」にすることを決めています。

　こうしたことから、賞与を支給しないことには一定の理由があると考え、本件でも定年後再雇用者に対して賞与の支給は行いません。

⑤　A 社の「福祉的雇用」の継続例

　以上の結果、A 社の「福祉的雇用」の継続例は以下のとおりとなりました。また、本件の定年後再雇用者の就業規則、賃金規程例は巻末資料（196 ページ～）として掲載してあるのでそちらもご覧ください。

◆A 社の「福祉的雇用」の継続例

定年後再雇用後の労働者の労働条件と賃金
・賃金総額は定年前の 64％前後
・所定労働日数を週 5 日から週 4 日に減らしたうえで、職務内容・職責は定年前よりも軽易なものに変更
・異動等は行わない

・定年を機に役職は外し、特別作業手当が必要となる業務にも就かせないなど、定年前と比較して業務内容は相当程度軽易なものとする
・精皆勤手当については定年後再雇用者にも支給
・資格手当についても対象資格保持者には支給
・職務内容・人材活用の仕組みの変更を理由に賞与なし
・賞与と同様の理由により昇給なし
・退職金なし
・契約期間は 1 年、延長は最長で 65 歳の誕生日までであることについては変更なし

賃金の内訳
基本給　　　245,000 円
通勤手当　　 15,000 円
精皆勤手当　 10,000 円
資格手当　　 10,000 円
総支給額　　280,000 円（※）

昇給なし
賞与なし
退職金なし

※　435,000 円 ×64％＝278,400 円

（4）　戦力としての雇用のためのアプローチ

　次に、戦力としての雇用への移行について検討していきます。

①　制度の選択

　定年後再雇用者を戦力として雇用する場合、一国二制度型雇用とするか制度を統一するかの 2 つの方法があります。
　どちらがよいかは、会社によって異なるものの、筆者の個人的な考えとしては、定年前と定年後で異なる形での貢献を求めるなら一国二制度型雇用、同一の貢献を求めるなら制度を統一したほうがよいので

はと考えます。

　これは単純に、定年前と定年後で異なる部分の多さの問題で、異なる部分が多いのであれば、いっそ一国二制度型雇用にして管理を別々にしたほうが効率的である一方、逆に、同一の部分が多いのであれば、わざわざ制度を分ける必要はないと考えられるからです。もちろん、個々の会社の事情によっては当てはまらない場合もあります。

　本件では、定年後再雇用者に対しては、パートタイム・有期雇用労働法 9 条の適用リスクをできるだけ下げつつ、定年前と同じ形での貢献を求める方向で戦力としての雇用について考えていきます。

②　人件費の配分

　戦力として扱う以上は、働きや貢献に応じた賃金を支払う必要があると考える人もいるかもしれません。確かにそれは理想ですが、一方で、定年前の正社員であっても働きや貢献に応じた賃金が支払われているかというと、これには疑問符が付きます。加えて、仮に働きや貢献に応じて賃金を支払うことが可能であったとしても、会社の人件費に割ける予算はある程度決まっています。

　そのため、戦力としての雇用を前提に労務管理を変えていく場合、これまでとは異なる人件費の配分を考えないといけません。

　例えば、この会社の場合、定年後の賃金を全く減額しない場合、単純計算で 1 人当たり「174,000 円」の人件費増となります。これが 10 人分ですから会社全体で見ると毎月「1,740,000 円」です。

　もちろん、この数字は、個々の高年齢労働者の賃金は異なることや、高年齢労働者の人数も年によって変動することから、あくまで目安に過ぎません。そのため、実際の実務においては、労働者全員の賃金台帳を基に、賃金の総額や個々の手当の総額等とにらめっこしながら、どの手当をどう調整するのか検討していくことになります。ただ、本件ではできるだけ話をわかりやすくする都合上、こうした大ま

かな数字での検討を進めていきますので、その点、ご了承ください。

　さて、上記のような人件費増を会社が負担できるのであれば問題ありませんが、そうでない場合、定年前の労働者の賃金を引き下げる必要が出てきます。

　本件では、戦力としての雇用に対する相応の待遇と人件費の予算を踏まえ、定年後の賃金を「定年前の賃金85％」に収めることを目安にしたいと思いますが、定年前の賃金を「60％」から「85％」とする場合、「85％－60％＝25％」増となり、単純計算で、毎月「108,750円（435,000円×25％）×10＝1,087,500円」の人件費増となるため、この分をどのように捻出するかが課題となります。

③　諸手当の扱い

ア　調整する手当の検討

　基本給、諸手当いずれの減額も過去の判例上、非常にリスクが高いものの、今回の制度変更では、人件費の予算の問題からどうしても正社員の賃金に手を付けざるを得ません。ただ、基本給、諸手当を天秤にかけた際、放置しておくと、同一労働同一賃金の点でより問題となりやすいのは諸手当であるため、本件では諸手当を調整する方向で考えていきます。

　Ａ社で支払われている手当は「通勤手当、精皆勤手当、役職手当、配偶者手当、特別作業手当、資格手当」の６つです。

　この６つのうち、なくすことで影響が大きいのは間違いなく通勤手当であり、遠方から通勤する者からすると、これがなくなるなら会社を辞めるという人も出てくることでしょう。よって、通勤手当をなくすというのは考えられません。

　次に、役職手当、特別作業手当、資格手当の３つは、基本給とは別の形で労働者の業務への貢献に報いるものといえます。そのため、労働者のモチベーションの面からもできれば廃止は避けたいといえま

す。一方で、定年後は役職を外す、特別作業を行わせないという場合に、定年後再雇用者に支給を行わない、という扱いは問題ありません。

　では、精皆勤手当と配偶者手当はどうかというと、まず、精皆勤手当については無遅刻無欠勤が当たり前となっている会社では、支給不支給に変動がなく実質的に基本給と変わらない扱いとなってしまっているところも少なくありません。つまり、精皆勤手当の本来の目的である出勤を奨励するという趣旨から外れ、惰性で支給が行われているところもあるとみられます。そのため、手当の支給が、支給の本来の趣旨と外れていると感じる場合は、廃止や減額も視野といえます。ただし、基本給と変わらない扱いとなっているということは、もらう側からするともらうことが当たり前となっているということでもあり、なくすことに抵抗する労働者が出てくる可能性もあります。

　一方、配偶者手当についてはそもそも労働の対価として支払われるものではありません。また、独身者からすると、仕事に関係のない部分で賃金に差が出ることを不満に思う人もいます。とはいえ、配偶者手当には、労働者の生活を保障することで長期雇用を促すという目的もあります。よって、あくまで賃金は労働の対価であると考えるのであれば、廃止候補の筆頭といえますし、長期雇用を促したいと考えるのであれば、他の手当の調整を考えたいところです。

　本件ではまず、定年後再雇用者について役職を外す一方で、特別作業手当の対象となる作業については行わせる可能性を残しました。そして、正社員の配偶者手当については廃止することを決めました。

イ　手当の減額・廃止にあたって

　手当の減額・廃止は労働条件の不利益変更に当たり、労働者の同意なく、これを直ちに行ってしまうと、労使間で争いになることは避けられません。

　これを避けるには、手当の廃止にあたって経過措置を設けるのがよいでしょう。経過措置を設けることで労働者の同意を得やすくなりま

すし、仮に手当の廃止について労働者の同意を得られず、司法上の争いとなった場合も、経過措置を設けたほうが合理的な変更と認められやすくなります。変更の合理性を高めるには、経過措置のほかに、不利益変更の程度や必要性、労働者との交渉状況等が考慮されます。

　本件ではまず、配偶者手当を調整手当という名称に変更しました。手当の名称を変更することで、支給の趣旨を変更するためです。そして、この調整手当の額を徐々に減額し、4年後に廃止することにしました。4年の経過措置をおいたのは、1年間で5千円ずつ減額する分を毎年の昇給分である程度吸収できる形を取ることで、労働者の合意を得やすくするためです。

　この会社での配偶者手当の対象者は、定年前の労働者の3分の2に当たる60人であったため、この廃止によって「1,200,000円」（※）の人件費をプールすることができました。

※　経過措置1年目は0円、2年目は300,000円、3年目は600,000円、4年目は900,000円

◆定年前の労働者の賃金規程に経過措置を入れる場合の規定例

第○条（調整手当）
　1　調整手当は、令和3年3月31日の時点で配偶者手当の支給対象であったものに対して支給する。
　2　調整手当は、以下のとおり支給し、令和7年4月以降は廃止とする。

令和3年4月1日〜令和4年3月31日	20,000円
令和4年4月1日〜令和5年3月31日	15,000円
令和5年4月1日〜令和6年3月31日	10,000円
令和6年4月1日〜令和7年3月31日	5,000円

※　配偶者手当の規定は削除

---

④　基本給

　定年後再雇用者の視点からすると、ここまでの手当の調整の時点で配偶者手当の20,000円と役職手当の40,000円、合計60,000円の減額が行われています。定年前の賃金から15％減らすとなると「435,000円×15％＝65,250円」減らす必要があるので、あと「5,250円」ほどの引下げが必要です。

　これに関して、本件では基本給により調整することにしました。

　定年前と定年後で職務内容に大きな変更はないものの、役職を外し職責が軽くなるのに加え、定年後は異動等を行わないことにしたので（つまり、人材活用の仕組みを変えたので）、5,250円の賃金引下げは十分許容範囲と判断したためです。

　一方で、定年後再雇用者によっては定年前の時点で配偶者手当や役職手当をもらっていない人もいます。そうした労働者については基本給を上記の額以上に下げないと定年前の85％という数字の達成は困難ですが、この85％はあくまで目安ですので、その分の人件費増は受け入れ、そうした労働者の基本給を無理に下げることはしないこととします。

⑤　昇給、賞与、退職金

　昇給については、基本給の引下げと矛盾が生じるため行いません。こうした昇給に関する待遇差を設けたとしても、対象者が定年後再雇用者であること、定年前の労働者と人材活用の仕組みに相違があること、さらには定年前の賃金と比較して85％を維持しているといったことを踏まえると、不合理と認められる可能性は低いと思われます。

　また、退職金については、福祉的雇用と同様に、定年時に支払いが済んでいるため、定年後再雇用者には支給を行いません。

　賞与については、定年後再雇用者の貢献を評価するため、定年前と

比べると額は減るものの、定年後再雇用者についても支給をすることにしました。その際の賞与の原資は、家族手当の廃止によってプールされていた額の一部ですが、それだけでは足りないため、定年前の労働者の賞与の支給基準についても見直しを行います。具体的には、定年前の労働者と定年後再雇用者とで、賞与の原資や評価基準を分けることなく、一体的に評価、支給を行います。

⑥ Ａ社の「戦力としての雇用」の移行例

　以上を踏まえ、Ａ社の「戦力としての雇用」に移行する場合の例は以下のとおりとなります。

◆Ａ社の「戦力としての雇用」への移行例

定年後再雇用後の労働者の労働条件と賃金
・賃金総額は定年前の85%前後を目安
・職務内容は大きく変わらないが、異動は行わないなど、人材活用の仕組みに変更があるため、基本給は減額する
・役職は外すが、特別作業手当が必要となる業務には就かせる場合がある。その場合は特別作業手当を支給
・配偶者手当及び調整手当は支給しない
・精皆勤手当については定年後再雇用者にも支給
・資格手当についても対象資格保持者には支給
・定年前よりも水準は下げるものの賞与はあり
・昇給、退職金はなし
・契約期間は1年、延長は最長で65歳の誕生日までであることについては変更なし

定年前の労働者の制度変更
・配偶者手当は、調整手当という名称に変更
・調整手当は、向こう4年間で徐々に減額、廃止を行い、手当廃止の減額分は基本給の昇給分で吸収する
・賞与については定年前の労働者の支給基準について見直しを行い、今

　　　後は定年前の労働者と定年後再雇用者の賞与を一体的に考えていく

賃金の内訳
基本給	315,000 円
通勤手当	15,000 円
精皆勤手当	10,000 円
特別作業手当	20,000 円
資格手当	10,000 円
総支給額	370,000 円（※）

　　　昇給なし
　　　賞与あり
　　　退職金なし

　　※　435,000 円 ×85％＝369,750 円

　本件の戦力としての雇用における定年後再雇用者の就業規則については、福祉的雇用のものと同じとなります（196 ページ）。福祉的雇用と戦力としての雇用とでは職務内容と人材活用の仕組みに違いが出てくるのが普通で、特に人材活用の仕組みに関しては就業規則への記載が必須となる項目ですが、本件では、どちらの方針においても、よりリスクを下げることを目的に両者で共通の扱いをしているためです。また、職務内容については、個々の労働者の事情が絡むため、基本的には労働契約にて対応するものであり、方針が異なるからといって就業規則への記載内容が変わることはありません。

　一方、賃金規程については、規則を変更しなければならない部分がいくつかあるため、こちらは巻末資料（202 ページ）として掲載してあります。

(5)　その他

　本章の最後に、制度の変更に関して同一労働同一賃金以外の面で注

意すべき点について解説を行います。特に、有期雇用特別措置法の手続きを行っていない会社は早急に対応する必要があります。

① 現行制度からの移行時期

いつから制度等を移行するかについては会社の裁量となります。

もちろん、移行が早ければ早いほど、リスクを下げることはできます。また、今回の「戦力としての雇用」の事例のように経過措置を設ける場合、早めに動き出さないと、その分、会社の負担は増えることになります。

移行の目安としては、在職老齢年金の制度が統合される令和4年4月や、高年齢雇用継続給付が縮小される令和7年4月などが考えられます。

② 労働者代表等との交渉

制度を変更する場合、それが不利益変更とならない限り、個別の労働者や労働者代表等の同意を得る必要はありません。

一方で、戦力としての雇用の事例の中でも触れましたが、制度変更に伴い一部の労働者の労働条件を下げる場合、労働組合や労働者代表等との交渉は非常に重要となってきます。労働条件の不利益変更はもとより、同一労働同一賃金においても事前に労働条件の変更について労使間で協議が行われていることは「その他の事情」として考慮され得るためです。実際、長澤運輸事件では、定年後再雇用後の労働条件について、団体交渉が行われていたことが裁判所の判断に影響を与えています。

そのため、方針を固め、制度の大枠ができた段階で、労働条件の不利益変更が見込まれる場合、制度変更の趣旨やその必要性を説明するため、労働組合や労働者代表等と話合いの場を設け、意見を聴いたほ

うがよいでしょう。また、その際のやり取りは書面等に残しておくのが安全です。

③　有期雇用特別措置法の適用手続

　本書では定年後再雇用者については、60歳で定年した後は1年の有期契約を結び、それを65歳まで繰り返し更新することを前提としてきました。ただ、この場合、有期雇用特別措置法の適用を受けないと定年後再雇用者が無期転換の申込権を得る可能性があるため、適用を受けていない会社は、対応を急ぐ必要があります。

　有期雇用特別措置法の適用を受けるには、以下の流れに則り、手続きを行う必要があります。

◆有期雇用特別措置法の特例を受けるための流れ

---

①　特例の対象労働者（高度専門職と継続雇用の高齢者）に関して、雇用管理に関する措置についての計画を作成

↓

②　作成した計画を、本社・本店を管轄する都道府県労働局に提出（本社・本店を管轄する労働基準監督署経由で提出することも可能）

↓

③　都道府県労働局が、事業主から申請された計画が適切であれば認定

↓

④　認定を受けた事業主に雇用される特例の対象労働者について、無期転換ルールに関する特例が適用

（注）なお、特例の適用にあたって事業主は、特例の対象となる労働者との労働契約の締結・更新時に、定年後引き続いて雇用されている期間は無期転換申込権が発生しない期間であることを書面で明示する必要がある。

　認定の手続きには、以下の資料が必要となります。

- 第二種計画認定・変更申請書
- 「第二種特定有期雇用労働者（継続雇用の高齢者）の特性に応じた雇用管理に関する措置」を行っていることがわかる資料（契約書のひな形、就業規則等）
- 「高年齢者雇用確保措置」を講じていることがわかる資料（就業規則等（経過措置に基づく継続雇用の対象者を限定する基準を設けている場合は、当該基準を定めた労使協定書（複数事業所を有する場合は本社分のみで可）））

認定の手続きの際に必要となる「第二種特定有期雇用労働者（継続雇用の高齢者）の特性に応じた雇用管理に関する措置」とは以下のものをいい、認定を受けるにはいずれか1つ以上を実施する必要があります。

- 高年齢者雇用安定法第11条の規定による高年齢者雇用推進者（※）の選任
- 職業能力の開発及び向上のための教育訓練の実施等
  高年齢者の有する知識、経験等を活用できるようにするための効果的な職業訓練として、業務の遂行の過程外における
  - 教育訓練の実施
  - または教育訓練の受講機会の確保
- 作業施設・方法の改善
  身体的機能や体力等が低下した高年齢者の職業能力の発揮を可能とするための
  - 作業補助具の導入を含めた機械設備の改善
  - 作業の平易化等作業方法の改善
  - 照明その他の作業環境の改善
  - 福利厚生施設の導入・改善
- 健康管理、安全衛生の配慮
  身体的機能や体力等の低下を踏まえた
  - 職場の安全性の確保

・事故防止への配慮

・健康状態を踏まえた適正な配置

・職域の拡大

身体的機能の低下等の影響が少なく、高年齢者の能力、知識、経験等が十分に活用できる職域を拡大するための企業における労働者の年齢構成の高齢化に対応した職務の再設計などの実施

・知識、経験等を活用できる配置、処遇の推進

・高年齢者の知識、経験等を活用できる配置、処遇の推進のための職業能力を評価する仕組み

・資格制度、専門職制度　　などの整備

・賃金体系の見直し

高年齢者の就労の機会を確保するための能力、職務等の要素を重視する賃金制度の整備

・勤務時間制度の弾力化

高齢期における就業希望の多様化や体力の個人差に対応するための勤務時間制度の弾力化

（例）短時間勤務、隔日勤務、フレックスタイム制、ワークシェアリングの活用

※　高年齢者雇用推進者について

高年齢者雇用安定法第11条及び高年齢者雇用安定法施行規則第5条の定めにより、事業主は、高年齢者雇用確保措置を推進するため、作業施設の改善その他の諸条件の整備を図るための業務を担当する者として、知識及び経験を有している者の中から「高年齢者雇用推進者」を選任するように努めなければならないとされています。

出典：高度専門職・継続雇用の高齢者に関する無期転換ルールの特例について（厚生労働省）

◆第二種計画認定・変更申請書（記載例）

様式第7号

第二種計画認定・変更申請書

○年　○月　○日

愛知　労働局長殿

1　申請事業主

名称・氏名	株式会社△△	代表者職氏名 （法人の場合）	山田太郎　㊞
住所・所在地	〒(456-0000) 電話番号　052（123）○○○○ 愛知県名古屋市熱田区○○町1-1 FAX番号　052（123）○○○○		

2　第二種特定有期雇用労働者の特性に応じた雇用管理に関する措置の内容
☑高年齢者雇用推進者の選任
□職業訓練の実施
□作業施設・方法の改善
□健康管理、安全衛生の配慮
☑職域の拡大
□職業能力を評価する仕組み、資格制度、専門職制度等の整備
□職務等の要素を重視する賃金制度の整備
☑勤務時間制度の弾力化

3　その他
□高年齢者雇用安定法第9条の高年齢者雇用確保措置を講じている。
　　□65歳以上への定年の引上げ
　　☑継続雇用制度の導入
　　　☑希望者全員を対象
　　□経過措置に基づく労使協定により継続雇用の対象者を限定する基準を利用
　　（注）高年齢者等の雇用の安定等に関する法律の一部を改正する法律（平成24年法律第78号）附則第3項に規定する経過措置に基づく継続雇用の対象者を限定する基準がある場合

（記入上の注意）
1.「2　第二種特定有期雇用労働者の特性に応じた雇用管理に関する措置の内容」は該当する措置の内容の□にチェックして下さい。
2.「3　その他」は、該当する□はすべてチェックしてください。

（添付書類）
1.「2　第二種特定有期雇用労働者の特性に応じた雇用管理に関する措置」を実施することが分かる資料（例：契約書の雛形、就業規則等）
2.高年齢者雇用確保措置を講じていることが分かる資料（就業規則等（経過措置に基づく継続雇用の対象者を限定する基準を設けている場合は、当該基準を定めた労使協定書（複数事業所を有する場合は本社分のみで可。）を含む。））
3.変更申請の場合は、認定されている計画の写し。

第5章

定年後再雇用者と
70歳までの就業確保

1 同一労働同一賃金の次は 70歳までの就業確保

　第2章でも見たとおり、令和2年の通常国会にて、平成24年以来、実に8年ぶりとなる高年齢者雇用安定法の改正が行われました。

　そして、本改正で新たに追加された「高年齢者就業確保措置」は、会社に対し70歳までの雇用等を促すものであったこともあり、法改正の際は人事労務関係者以外の人たちの間でも話題となりました。

　この高年齢者就業確保措置を含む改正高年齢者雇用安定法は、令和3年4月1日より施行されるものの、高年齢者就業確保措置自体は努力義務であるため、対応を急ぐ必要はないと考えているところも多いことでしょう。実際、本改正法施行時点であっても、相対的なリスクは第4章までで見たように定年退職した労働者を再雇用する際の労務管理において、これまでのような定年で賃金を大きく引き下げるという雇用慣行をそのままにしておくほうが高いと考えられます。

　一方で、過去を振り返ってみると、高年齢者雇用安定法で努力義務とされた制度のほとんどは後に義務化されており、高年齢者就業確保措置についても将来的には義務化されるであろうことは想像に難くありません。

　つまり、高年齢労働者に関して、定年後再雇用者の同一労働同一賃金達成の次、もしくは並行して対応すべき会社の課題は、70歳までの雇用もしくは就業の確保となることが濃厚なわけです。

　そこで、最終章となる本章では、高年齢者就業確保措置の解説に加え、将来の高年齢者就業確保措置の義務化も見越して、会社がどのように対応していけばよいかについて検討していきます。

2 高年齢者就業確保措置と 高年齢者雇用確保措置

　高年齢者就業確保措置について解説する前に、まず「高年齢者雇用確保措置」についておさらいしておきます。

　高年齢者雇用確保措置とは以下のものをいい、会社にはいずれかの実施義務があります。

◆ 高年齢者雇用確保措置

> ・65 歳までの定年年齢の引上げ
> ・希望者全員を対象とする 65 歳までの継続雇用制度の導入（経過措置あり）
> ・当該定年の定めの廃止

　なぜ、改めて高年齢者雇用確保措置について触れたかというと、改正法の施行により高年齢者就業確保措置の努力義務化が始まっても、高年齢者雇用確保措置の実施義務がなくなるわけではないからです。加えて、高年齢者就業確保措置の内容が高年齢者雇用確保措置の内容を踏襲したものとなっているのもその理由です。

　次に、本題である高年齢者就業確保措置ですが、こちらは高年齢者雇用確保措置が実施されていること、つまり、65 歳までの雇用を達成していることを前提に、70 歳までの雇用または就業を確保するものとなります。

　令和 3 年 4 月 1 日より、会社の努力義務とされる高年齢者就業確保措置とは、次のものをいいます。

◆ 高年齢者就業確保措置

1. 当該定年の引上げ
2. 65歳以上継続雇用制度（現に雇用している高年齢者等が希望する
   ときは、当該高年齢者をその定年後等に引き続いて雇用する制度を
   いう）の導入
3. 当該定年の定めの廃止
4. 創業支援等措置の実施
※ 1、2、4については高年齢者の70歳までの雇用または就業を確保するも
   のである必要あり

　見てわかるとおり、4.の創業支援等措置の実施以外は、65歳以降
の高年齢者雇用確保措置といって差し支えない内容です。

　それもあり、高年齢者雇用確保措置の時点で高年齢者就業確保措置
と同等かそれ以上の措置をすでに実施している場合、高年齢者就業確
保措置の実施の必要はありません。高年齢者雇用確保措置の段階で定
年年齢を70歳まで引き上げていたり、定年そのものを廃止していた
りする場合がこれに当たります。

　一方で、高年齢者雇用確保措置とは異なる点としては、グループ会
社以外の会社での直接雇用（2.65歳以上継続雇用制度）や、起業し
た高年齢者と委託契約等を結ぶ（4.創業支援等措置）など、会社が
高年齢者を直接雇用する形以外で高年齢者の就業を確保するといった
選択肢が増えている点です。名称が「雇用確保」ではなく「就業確
保」となっているのはそのためです。

3　高年齢者就業確保措置の詳細

　ここからは、改正高年齢者雇用安定法に加え、法律の改正に合わせて令和2年10月30日に改正された高年齢者雇用安定法施行規則（以下、「省令」という）、今回新たに作成された高年齢者就業確保措置の実施及び運用に関する指針（以下、「指針」という）を基に、高年齢者就業確保措置について、さらに詳しく見ていきます。

（1）　高年齢者就業確保措置を講ずるにあたって

　高年齢者就業確保措置を講ずるかどうか、あるいは講ずる際にどの措置を選ぶか等について、法律上は、労使間での協議や労働者側の合意は特に求められていません。

　一方、指針においては「高年齢者就業確保措置のうちいずれの措置を講ずるかについては、労使間で十分に協議を行い、高年齢者のニーズに応じた措置を講じられることが望ましい」とするなど、随所で労使間での協議の実施や労使間での合意を求めていますが、法的な拘束力はありません。

（2）　対象者の基準

　高年齢者就業確保措置のうち、定年の延長及び廃止以外の措置については、対象となる高年齢者（ここでは特に高年齢者雇用安定法上で定義されているものを指しており、「55歳以上」とされている）の基準を定めることが可能です。これは高年齢者就業確保措置の実施が努力義務のためであり、原則、希望する全員を65歳まで雇用する必要

のある高年齢者雇用確保措置と異なる点です。

　また、対象者の基準について、法律上は特に定めはありません。指針においても、対象者の基準については、「労使間で十分に協議の上」という前置きはあるものの、各会社の実情に合わせて定めるものとし、原則としてその内容は労使に委ねられているとしています。

　その一方で、仮に「労使間で十分に協議の上で定められたものであっても、事業主が恣意的に高年齢者を排除しようとするなど法の趣旨や、他の労働関係法令に反する又は公序良俗に反するものは認められない」としています。

(3)　65 歳以上継続雇用制度

　高年齢者雇用確保措置同様に、高年齢者就業確保措置でも継続雇用制度を採用することが可能です。一方、高年齢者雇用確保措置の継続雇用制度とは異なる点もあります。

　というのも、高年齢者雇用確保措置では、自分の会社ではなく他の事業主の下で継続雇用するという場合、グループ会社の事業主（特殊関係事業主）以外の他の事業主が引き続いて雇用するということは認めていません。もちろん、労働者の合意があれば、転籍などの形で他の会社に移ることは違法ではありませんが、会社の制度としてそれを強制することはできません。

　しかし、高年齢者就業確保措置の継続雇用制度では、グループ会社以外の他の事業主が引き続いて雇用する制度も認められています。他の事業主が引き続いて雇用する場合、その事業主がグループ会社か否かにかかわらず、そのことを約する契約を事業主同士で結んだ上で、その契約に基づき対象となる高年齢者の雇用を確保する必要があります。

　そして、指針ではさらに「他の事業主において継続して雇用する場合であっても、可能な限り個々の高年齢者のニーズや知識・経験・能

力等に応じた業務内容及び労働条件とすべきことが望ましい」「他の事業主において、継続雇用されることとなる高年齢者の知識・経験・能力に係るニーズがあり、これらが活用される業務があるかについて十分な協議を行った上で事業主同士の契約を締結する必要がある」と、高年齢者の能力等に応じた対応を求めています。

また、65歳以上継続雇用制度を採用する場合、会社の定める理由に該当する高年齢者を継続雇用しないこともできます。ただし、その場合、指針では「心身の故障のため業務に堪えられないと認められること」「勤務状況が著しく不良で引き続き従業員としての職責を果たし得ないこと」等、就業規則に定める解雇事由または退職事由（年齢に係るものを除く）に該当する場合などの客観的合理的な理由があり、社会通念上相当であることが求められるとしています。

（4） 創業支援等措置

① 創業支援等措置とは

創業支援等措置とは、労働者の過半数で組織する労働組合がある場合はその労働組合（以下、過半数労組）、ない場合においては労働者の過半数を代表する者（以下、過半数代表者）の同意を得た上で、雇用以外の形を含む支援、例えば業務委託契約等により70歳までの就業を確保する措置をいい、法律では以下のように定められています。

1. 高年齢者が希望する場合で、当該高年齢者が新たに事業を開始する場合に、事業主が、当該事業を開始する当該高年齢者（創業高年齢者等）との間で、当該事業に係る委託契約等を締結し、当該契約に基づき当該高年齢者の就業を確保する措置
2. 高年齢者が希望する場合で、以下の事業について、当該事業を実施するものが、当該高年齢者との間で、当該事業に係る委託契約その他の契約を締結し、当該契約に基づき当該高年齢者の就業を確保す

> る措置
> ①　当該事業主が実施する社会貢献事業
> ②　法人その他の団体が当該事業主から委託を受けて実施する社会貢献事業
> ③　法人その他の団体が実施する社会貢献事業であって、当該事業主が当該社会貢献事業の円滑な実施に必要な資金の提供その他の援助を行っているもの
> ※　社会貢献事業とは社会貢献活動その他不特定かつ多数のものの利益の増進に寄与することを目的とする事業をいう

　上記のうち 1. については、フリーランス化もしくは起業する高年齢者（創業高年齢者等）と会社が委託契約等を結ぶことで、会社がその創業高年齢者等に対して報酬を支払うことで就業を確保するものをいいます。両者の間で結ばれる契約は、必ずしも委託契約でなくてもよいものの、労働契約については認められません（労働契約を結ぶ場合、実態としては継続雇用と変わらなくなるため、創業支援等措置ではなく 65 歳以上継続雇用制度としての対応が必要となります）。

　一方、2. は高年齢者が個人での社会貢献活動への参加を希望する場合に、会社もしくはその他法人が実施する社会貢献事業に参加させることで、当該高年齢者の就業を確保する措置をいいます。

　創業支援等措置として認められる社会貢献事業の運営のパターンには「①会社が直接行っている場合」「②会社が別の法人等に委託している場合」「③別の法人等が実施しているものに対し、会社が資金提供や援助等を行っている場合」の 3 つがあります。高年齢者が①から③のいずれの社会貢献事業に従事する場合も、高年齢者と社会貢献事業が結ぶ契約が労働契約では認められない点は 1. と同じです。②と③については、会社と社会貢献事業を実施するものとの間で、当該高年齢者に当該業務に従事する機会を提供することを約する契約が締結されている必要があります。

　また、ここでいう社会貢献事業について、指針では「社会貢献活動

その他不特定かつ多数の者の利益の増進に寄与することを目的とする事業である必要があり、特定又は少数の者の利益に資することを目的とした事業は対象とならない」とする一方で、「特定の事業が不特定かつ多数の者の利益の増進に寄与することを目的とする事業に該当するかについては、事業の性質や内容等を勘案して個別に判断される」としています。

このように、社会貢献事業については指針の段階においても曖昧な部分が残る上に、ある事業が社会貢献事業に当たるかどうかは「個別の判断」になるということなので、実際の実施においては当局への確認が不可欠といえます。

② 創業支援等措置の実施に関する計画

創業支援等措置を実施するにあたっては、創業支援等措置の実施に関する計画を作成する必要があります。そして、計画には省令で定められている、以下の事項を記載する必要があります。

◆創業支援等措置の実施に関する計画に定める必要のある事項

A) 高年齢者就業確保措置のうち、創業支援等措置を講ずる理由
B) 委託契約その他契約（以下、契約）に基づいて高年齢者が従事する業務の内容に関する事項
C) 契約に基づいて高年齢者に支払う金銭に関する事項
D) 契約を締結する頻度に関する事項
E) 契約に係る納品に関する事項
F) 契約の変更に関する事項
G) 契約の終了に関する事項（契約の解除事由を含む。）
H) 諸経費の取扱いに関する事項
I) 安全及び衛生に関する事項
J) 災害補償及び業務外の傷病扶助に関する事項

> K）社会貢献事業に係る委託契約その他の契約を締結し、当該契約に基
> づき高年齢者の就業を確保する措置を講ずる場合においては、当該
> 社会貢献事業を実施する法人その他の団体に関する事項
> L）A）から K）までに掲げるもののほか、創業支援等措置の対象とな
> る労働者の全てに適用される定めをする場合においては、これに関
> する事項

③　同意を得る際の留意事項

　創業支援等措置を実施するにあたっては、計画作成だけでなく、その計画について、過半数労組または過半数代表者の同意を得る必要があります。一方、創業等支援措置とは別に、他の高年齢者就業確保措置を実施する場合には、他の措置によって高年齢者の雇用が確保されていることから、必ずしも計画について過半数労組または過半数労働者の同意を得る必要はありません。ただし、このような場合も、指針では同意を得るのが「望ましい」としています。

　ここでいう過半数代表者とは、基本的には 36 協定等を結ぶ際の過半数代表者と同じなので、監督または管理の地位にある者はなることができませんし、過半数代表者や過半数代表者になろうとしたものに不利益な取扱いをすることもできません。

　また、創業支援等措置においては、それを実施する事業主と対象となる高年齢者との間に雇用関係がなく、対象者は各種労働法による労働者保護の対象となりません。そのため、指針では事業主と過半数労組または過半数代表者とで、以下の事項に留意する必要があるとしています。

> 1.　業務の内容については、高年齢者のニーズを踏まえるとともに、
> 高年齢者の知識・経験・能力等を考慮した上で決定し、契約内容
> の一方的な決定や不当な契約条件の押し付けにならないようにす
> ること。

2.　　高年齢者に支払う金銭については、業務の内容や当該業務の遂行に必要な知識・経験・能力、業務量等を考慮したものとすること。

　　また、支払期日や支払方法についても記載し、不当な減額や支払いを遅延しないこと。

3.　　個々の高年齢者の希望を踏まえつつ、個々の業務の内容・難易度や業務量等を考慮し、できるだけ過大または過小にならないよう適切な業務量や頻度による契約を締結すること。

4.　　成果物の受領に際しては、不当な修正、やり直しの要求または受領拒否を行わないこと。

5.　　契約を変更する際には、高年齢者に支払う金銭や納期等の取扱いを含め労使間で十分に協議を行うこと。

6.　　高年齢者の安全及び衛生の確保に関して、業務内容を高年齢者の能力等に配慮したものとするとともに、創業支援等措置により就業する者について、同種の業務に労働者が従事する場合における労働契約法に規定する安全配慮義務をはじめとする労働関係法令による保護の内容も勘案しつつ、当該措置を講ずる事業主が委託業務の内容・性格等に応じた適切な配慮を行うことが望ましいこと。

　　また、業務委託に際して機械器具や原材料等を譲渡し、貸与し、または提供する場合には、当該機械器具や原材料による危害を防止するために必要な措置を講ずること。

　　さらに、業務の内容及び難易度、業務量、納期等を勘案し、作業時間が過大とならないように配慮することが望ましいこと。

7.　　高年齢者が社会貢献事業に従事する措置を講ずる場合において、事業主から当該事業を実施する者に対する個々の援助が、社会貢献事業の円滑な実施に必要なものに該当すること。

8.　　創業支援等措置は、労働契約によらない働き方となる措置であることから、個々の高年齢者の働き方についても、業務の委託を行う事業主が指揮監督を行わず、業務依頼や業務従事の指示等に対する高年齢者の諾否の自由を拘束しない等、労働者性が認められるような働き方とならないよう留意すること。

④　計画の周知

　過半数労組または過半数代表者の同意を得た計画については、省令で定められている以下のいずれかの方法により、他の労働者に周知する必要があります。いずれも、36 協定等の周知方法と同一であるため、会社が対応に困ることはないでしょう。

---

1. 常時当該事業所の見やすい場所へ掲示し、または備え付けること
2. 書面を労働者に交付すること
3. 磁気テープ、磁気ディスクその他これらに準ずる物に記録し、かつ、当該事業所に労働者が当該記録の内容を常時確認できる機器を設置すること

（5）　その他高年齢者就業確保措置において省令・指針で定められている事項

①　行政による指導及び助言、勧告

　改正高年齢者雇用安定法では、後述する高年齢者等職業安定対策基本方針と照らして、65 歳から 70 歳までの安定した雇用の確保のため必要があると認めるときは、会社に対して必要な指導及び助言ができるとしています。そして、会社が指導及び助言に従わない場合は高年齢者就業確保措置の実施に関する計画の実施を勧告することができます。

　また、併せて改正された省令では、この計画に記載する必要のある事項について定められたほか、計画作成の際は、遅滞なく管轄の公共職業安定所の所長に提出することが定められました。

　では、こうした指導や助言等が行われる基準はというと、厚生労働省は Q&A にて「まずは、制度の内容を把握していない事業主や 70 歳までの就業機会の確保について検討を開始していない事業主等に対

して、制度の趣旨や内容の周知徹底を主眼とする啓発及び指導を行う」としています。これに加え「改正法が施行される令和3年4月1日時点で、70歳までの就業確保措置が講じられていることが望ましいですが、検討中や労使での協議中、検討開始といった状況も想定されます。労働局では、相談支援等を行っておりますので、ご活用いただきながら、措置の実施に向けた取り組みを進めてください」としています。

つまり、高年齢者就業確保措置自体が努力義務であることもあり、高年齢者就業確保措置を実施していないことだけを理由に積極的に取り締まることはないとみられる一方で、全く検討等をしていない場合には、そうした指導や助言の対象となる可能性があるということです。

② 高年齢者の健康及び安全の確保ほか

指針では、対象者が高年齢者雇用確保措置よりもさらに高齢となることもあり、高年齢者の健康及び安全の確保のため、「高年齢労働者の安全と健康確保のためのガイドライン」（令和2年3月16日）を参考に就業上の災害防止対策に積極的に取り組むよう努めることを求めています。

その他、高年齢者就業確保措置の際に高年齢者に従前と異なる業務等を行わせる場合、事前に教育や訓練を行うことが望ましいとしています。

◆ **事業者に求められる取組み**
1. **安全衛生管理体制の確立等**
   ・経営トップ自らが安全衛生方針を表明し、担当する組織や担当者を指定
   ・高年齢労働者の身体機能の低下等による労働災害についてリスクア

セスメントを実施

2. **職場環境の改善**

・照度の確保、段差の解消、補助機器の導入等、身体機能の低下を補う設備・装置の導入

・勤務形態等の工夫、ゆとりのある作業スピード等、高年齢労働者の特性を考慮した作業管理

3. **高年齢労働者の健康や体力の状況の把握**

・健康診断や体力チェックにより、事業者、高年齢労働者双方が当該高年齢労働者の健康や体力の状況を客観的に把握

4. **高年齢労働者の健康や体力の状況に応じた対応**

・健康診断や体力チェックにより把握した個々の高年齢労働者の健康や体力の状況に応じて、安全と健康の点で適合する業務をマッチング

・集団及び個々の高年齢労働者を対象に身体機能の維持向上に取り組む

5. **安全衛生教育**

・十分な時間をかけ、写真や図、映像等、文字以外の情報を活用した教育を実施

・再雇用や再就職等で経験のない業種や業務に従事する場合には、特に丁寧な教育訓練

◆**労働者に求められる取組み**

・自らの身体機能や健康状況を客観的に把握し、健康や体力の維持管理に努める

・日頃から運動を取り入れ、食習慣の改善等により体力の維持と生活習慣の改善に取り組む

出典：高年齢労働者の安全と健康確保のためのガイドライン概要

(6) まとめ

　令和3年4月1日からの高年齢者就業確保措置の努力義務化への対応、さらには将来的に行われるであろう義務化を見据えて措置を講ずる際の選択肢として、現状、最有力となるのは継続雇用制度（65歳以上継続雇用制度）でしょう。継続雇用制度自体が高年齢者雇用確保措置において最も選択されているため、高年齢者雇用確保措置の延長として高年齢者就業確保措置の実施が可能だからです。

　一方、創業支援等措置に関しては、高年齢者の創業や社会貢献事業の確保といった高いハードルがあるうえ、実施できるのは高年齢者側の希望がある場合に限られます。そのため、創業支援等措置を希望しない高年齢者が出てくる場合に備え、創業支援等措置の実施は他の措置との併用が前提となります。こうしたことから、他の措置の代わりに創業支援等措置を実施する、という会社はかなり少ないことが予想されます。

　ただ、将来的に高年齢者就業確保措置が義務化された場合、短期間で高年齢者の創業を促したり、社会貢献事業の確保をしたりすることは難しいと考えられます。そのため、将来的に、創業支援等措置による対応をしたいと考えるのであれば、今回改正された省令や指針を基に準備を進めておく必要があるでしょう。

4   70歳までの雇用等に向けて

　では、令和3年4月1日からの高年齢者就業確保措置の努力義務化への対応、さらには将来的に行われるであろう義務化を見据えて、あるいは、法律の要請とは関係なく人材確保の手段として65歳以降も高年齢労働者を雇用する場合、会社は70歳までの雇用等についてどのように考え、対応をしていけばよいのでしょうか。

　実は、基本的な考え方は65歳までの雇用と変わることはありません。会社としての方針を固め、それに応じた対応をしていくだけです。具体的にまとめると以下のとおりとなります。

（1）　会社の方針を固める
（2）　いつから始めるのかを決める
（3）　上記の2つはなるべく65歳までの雇用と一体的に考える
（4）　個別の労働者側の事情を踏まえつつ、柔軟に労働条件を検討する

（1）　会社の方針を固める

　70歳までの雇用等においても、65歳までの雇用と同様、会社の方針を固めることは重要です。つまり、65歳以降の労働者を「福祉的雇用」として法律上の義務を果たすため仕方なく雇用するか、それとも「戦力」として扱うか、会社として方針を立て、労働条件や適用する人事制度について検討していくことになります。

(2)　70歳までの就業確保をいつから始めるのか

　努力義務とはいえ、高年齢者就業確保措置については令和3年4月1日施行時点で実施できているのが理想です。

　とはいえ、どういった高年齢者就業確保措置を実施するかは、将来にわたって会社に影響を与える重要な決断となります。よって、準備が不十分な場合、努力義務違反になるからといって慌てて実施する措置を決めるのは望ましいとはいえないでしょう。

　実際、行政側も改正法施行時点では「制度の趣旨や内容の周知徹底を主眼とする啓発及び指導を行う」としており、きちんと実施に向けて検討を進めていれば、措置を実施していないことだけを理由に行政指導の対象となることはないと考えられます。

　ただし、実施に向けた検討を進めるにあたっては、措置実施の期限を決める意味でも「いつから70歳までの就業確保を始めるのか」については、早めに決定しておく必要があるでしょう。

(3)　65歳までの雇用確保と一体的に考える

　70歳までの就業確保を達成するための方法については、65歳までの雇用確保のためにどのような措置を取ったかに大きな影響を受けます。

　例えば、65歳までの雇用の際に継続雇用制度を採用し、70歳までについても同様に継続雇用制度を行うというのはとても自然な流れですが、一方で、65歳まで継続雇用制度を行い65歳以降は定年を廃止する、というのは制度として非常に不自然です。もちろん65歳までの働きを見て「この人だけは」本人が働きたいうちは何歳になっても働いてもらいたい、という人はいるかもしれません。しかし、それは個々の労働者に対して特例的に行うことであって、制度として行うことではありません。

　以上のことから、わざわざ高年齢者雇用確保措置と高年齢者就業確保措置を別々に考えるのではなく、一体としてどのように扱っていくかを考えたほうが合理的といえます。

　例えば、高年齢者雇用確保措置の段階で定年延長をする場合、70歳までの就業確保を見据え、65歳までとするのではなく70歳とするといった感じです。

　以下は、高年齢者雇用確保措置でどのような措置を実施したかによって、高年齢者就業確保措置において、現実的にどのような措置が選択できるかをまとめたものです。

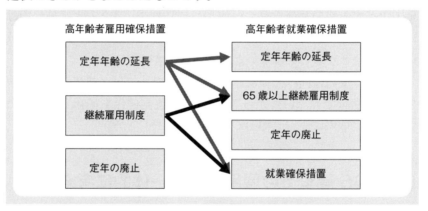

　見てわかるとおり、65歳までの段階で定年の廃止をしている場合は高年齢者就業確保措置の実施自体が不要です。また、先ほども触れましたが、65歳まで定年年齢の延長をしたり、継続雇用をしたりしているのに、65歳以降で定年の廃止をするのは現実的ではないため、高年齢者就業確保措置の段階で「定年の廃止」という措置を選ぶ会社はほぼないはずです。

（4）　その他、65歳以降の雇用において注意すべき点

①　法制度上の注意点

ア　年金（65歳以降）

　43ページでも解説しましたが、令和4年4月1日より、65歳以上の老齢厚生年金の受給権者かつ被保険者については、在職定時改定が導入されます。本制度は、毎年1回、納めた保険料に応じて年金額を改定する制度です。

　毎年1回、65歳以降の労働が年金額に直接反映されるため、労働者側からすると65歳以降も働く理由がわかりやすく、高年齢労働者が65歳以降も働きたいと考えるインセンティブとなる可能性が高い制度といえます。

　また、65歳以降の年金に関しては繰下げ受給が可能で、老齢厚生年金の支給開始年齢を遅らせるほど、年金額を増やすことができます。こちらも令和4年4月1日より、もともと70歳だった上限年齢が75歳に引き上げられています。ただ、現状の繰下げ受給の利用率は非常に低い上、上限年齢が上がったことが繰下げ受給を選択するインセンティブになるとも考えづらく、今回の改正を機に65歳以降も就労したい、という人が大きく増加することは考えづらいといえます。

　その他、確定給付企業年金及び確定拠出年金についても、法改正で受給開始時期等の選択肢の拡大が行われています。しかし、確定給付企業年金の受給開始時期については、規約によって定められるものであり、個々の労働者が関与できるものではありません。

　一方、確定拠出年金については、企業型であっても受取り時期や受取り方法は個々の労働者が決定できるため、運用状況によってはまだ確定拠出年金を受け取りたくない、ということを理由に、65歳以降

も働き続けたいという人が出てくる可能性はあります。

イ　雇用保険

　65 歳以降の雇用保険の被保険者は高年齢被保険者という扱いとなり、65 歳になる前とは区別されます。それと併せて、失業の際に給付される手当も、基本手当ではなく高年齢求職者給付金に変更されます。高年齢求職者給付金は基本手当よりももらえる日数は短いものの、雇用保険の加入期間が短く、一時金（一括）での支給となります（詳細は 120 ページ）。

②　高年齢労働者の事情

　60 代前半と 60 代後半を比較した際に、法制度以上に大きく異なってくるのが労働者本人の健康面や家庭の事情です。

　60 代後半や 70 代になっても変わらず元気という人もいれば、体力がガクッと落ちてくる人もいます。また、家庭の事情でいうと親ではなく配偶者の介護が必要という場合もあるでしょう。

　その他、金銭面でいうと、60 代前半だとまだ家のローンが残っていたり、子供の学費がまだまだかかったりという人もいるかと思いますが、60 代後半になってくるとそういう人は減ってきます。そのため、60 代前半と比べると賃金を減らされて困る、という人は減ってくるはずです。一方で、年金や貯蓄が老後に向けて十分でないという人もいますし、住居が持ち家か賃貸かで、老後に必要な資金も変わってきます。

　こうした労働者の個々の事情をどこまで考慮するか、どこまで考慮しないといけないのか、というのはとても難しい問題で、答えはありませんが、少なくとも、働き方を見直したいという人を会社の都合でこれまでどおり働かせる、というのは労働者の自主退職を促す可能性があり得策ではないでしょう。

　いずれにせよ、65歳以降の就業確保については、会社が制度としてどのように対応していくかだけでなく、労働契約により、個々の労働者の事情に合わせて労働条件を変更したり、労働時間を短縮したり所定労働日数を減らしたりといった対応が重要といえます。

巻末資料

◆定年後再雇用者就業規則

第1章　総　則

第1条　（目的）

　　この規則は就業規則第○条に基づき、定年後再雇用者の労働
　条件、服務規律その他の就業に関することを定めるものであ
　る。

第2条　（適用範囲）

　1　この規則は定年後再雇用者について適用する。
　2　この規則における定年後再雇用者とは、就業規則第○条
　　に基づき定年退職をしたもののうち、従業員の希望により
　　再雇用したものをいう。

第3条　（規則の遵守）

　　定年後再雇用者は、この規則を遵守する義務を負い、その職
　務を誠実に遂行し、社業の発展に努めなければならない。

第2章　人　事

第4条　（再雇用）

　1　会社は、就業規則第○条に基づき定年退職をしたものが
　　継続雇用を希望する場合で、当該従業員が解雇事由または
　　退職事由に該当しないものについては、再度労働契約を締
　　結し、継続雇用を行う。
　2　再雇用時は対象者の技能、能力、及び業務に対する責任、
　　また、対象者の年金額、雇用保険の高年齢雇用継続給付の
　　額を考慮して、労働条件及び給与額を決定する。

第5条　（労働契約の期間）
 1　定年後再雇用者との労働契約の期間は1年間とする。
 2　前項にかかわらず、定年後再雇用者が希望する場合で、解雇事由または退職事由に該当しないものについては契約の更新を行う。ただし、契約延長は最長で当該労働者の65歳の誕生日までとする。
 3　有期雇用特別措置法の特例の適用により、定年後再雇用者については、有期契約の期間が通算で5年を超える場合も、無期転換申込権は発生することはない。

（70歳まで継続雇用制度を実施する場合）
第5条（労働契約の期間）
 1　定年後再雇用者との労働契約の期間は1年間とする。
 2　前項にかかわらず、定年後再雇用者が希望する場合で、解雇事由または退職事由に該当しないものについては契約の更新を行う。ただし、契約延長は最長で当該労働者の65歳までの誕生日とする。
 3　前項にかかわらず、解雇事由または退職事由に該当しない65歳以上の定年後再雇用者が希望する場合で、会社の定める基準を満たすものについては契約の更新を行う。ただし、契約延長は最長で当該労働者の70歳までの誕生日とする。
 4　有期雇用特別措置法の特例の適用により、定年後再雇用者については、有期契約の期間が通算で5年を超える場合も、無期転換申込権は発生することはない。

第6条　（労働条件の明示）
　会社は、定年後再雇用者を採用するとき、採用時の賃金、就業場所、従事する業務、労働時間、休日、昇給、賞与、退職金の有無、相談窓口の案内、その他の労働条件が明らかとなる書面を交付する。

第7条　（試用期間）

　　定年後再雇用者については試用期間を設けない。

第8条　（異動等）

　　会社は、定年後再雇用者に対して出向、転勤、職務の変更を命ずることはない。

第9条　（役職）

　　会社は、定年後再雇用者を役職に任命することはない。また、定年前に役職に就いていたものについては、定年退職時にその役職を解任するものとする。

第10条（休職等）

　1　休職等については就業規則第○条から第○条「休職等」の規定の「従業員」を「定年後再雇用者」と置き換えた上で準用する。

　2　前項にかかわらず、定年後再雇用者については、休職期間の満了よりも前に65歳の誕生日が来る場合、休職期間は65歳の誕生日までとする。

第3章　勤　務

第11条　（労働時間等）

　1　労働時間の定義については就業規則第○条の「従業員」を「定年後再雇用者」と置き換えた上で準用する。

　2　定年後再雇用者の始業・終業の時刻及び休憩時間は、以下の範囲内で、個別の労働契約書により定める。

始業時刻	午前9時00分
終業時刻	午後6時00分
休憩時間	正午から午後1時00分まで

3 業務の都合その他やむを得ない事情により、前項の始業・
終業時刻及び休憩時間を繰り上げまたは繰り下げることが
ある。

第12条 （休日）
休日は次のとおりとするほか、定年後再雇用者の個別の労働
契約書によって定める。
① 毎週日曜日（法定休日）
② 夏季休暇
③ 年末年始
④ その他会社カレンダーで定める日

第13条 （時間外及び休日労働）
時間外及び休日労働については、就業規則第〇条の「従業
員」を「定年後再雇用者」と置き換えた上で準用する。ただ
し、「従業員代表」とある場合の「従業員」に関しては、置き
換えは行わない。

第14条 （年次有給休暇等）
年次有給休暇、特別休暇等については、就業規則第〇条から
第〇条の「年次有給休暇」「特別休暇等」の規定の「従業員」
を「定年後再雇用者」と置き換えた上で準用する。

第15条 （育児・介護休業）
定年後再雇用者の育児・介護休業に関する事項については、
別に定める「育児・介護休業規程」の「従業員」を「定年後再
雇用者」と置き換えた上で準用する。

第4章　服務規程

第16条 （服務規律）
服務規律については就業規則第〇章の服務規程各条の「従業

員」を「定年後再雇用者」と置き換えた上で準用する。

第5章　退　職

第17条　（定年）

　会社が何らかの理由で、新規もしくは在職中の60歳以上の者と期間の定めのない労働契約を結ぶ場合、その定年は満70歳とする。

第18条　（退職等）

　その他退職等については就業規則第○条から第○条の「退職等」の規定の「従業員」を「定年後再雇用者」と置き換えた上で準用する。

第19条　（解雇等）

　解雇等については就業規則第○条から第○条の「解雇等」の規定の「従業員」を「定年後再雇用者」と置き換えた上で準用する。

第6章　賃金等

第20条　（賃金）

　定年後再雇用者の賃金については別に定める「定年後再雇用者賃金規程」にて定める。

第21条　（退職金）

　定年後再雇用者に対して、会社は退職金を支給しない。

第7章　表彰及び懲戒

第22条　（表彰及び懲戒）
　表彰及び懲戒については就業規則第○条から第○条の「表彰及び懲戒」の規定の「従業員」を「定年後再雇用者」と置き換えた上で準用する。

第8章　安全衛生

第23条　（安全衛生）
　安全衛生については就業規則第○条から第○条の「安全衛生」の規定の「従業員」を「定年後再雇用者」と置き換えた上で準用する。

第9章　雑　則

第24条　（雑則）
　その他雑則については就業規則第○章雑則各条の「従業員」を「定年後再雇用者」と置き換えた上で準用する。

第25条　（相談窓口）
　定年後再雇用者の相談窓口は総務部とする。

付　則

（改廃）
　この規則を改廃する場合には、従業員の過半数を代表するものの意見を聴いて行うものとする。
（施行日）
　この規則は、　　年　　月　　日から施行する。

◆ 定年後再雇用者賃金規程

第1条（目的）
　　この規程は定年後再雇用者就業規則第○条に基づき、再雇用者の賃金について定めたものである。本規程に定めのないものは正社員の賃金規程を準用する。

（福祉的雇用の場合）
第2条（賃金構成）
　　賃金の構成は、基本給、通勤手当、精皆勤手当、資格手当、割増賃金とする。

（戦力としての雇用の場合）
第2条（賃金構成）
　　賃金の構成は、基本給、通勤手当、精皆勤手当、特別作業手当、資格手当、割増賃金とする。

（福祉的雇用の場合）
第3条（基本給）
　　基本給は本人の能力、技術、健康状態、業務に対する貢献度等に加え、本人がもらう予定の年金額等を勘案し、個別に定めるものとする。

（戦力としての雇用の場合）
第3条（基本給）
　　基本給は本人の能力、技術、健康状態、業務に対する貢献度等を勘案し、個別に定めるものとする。

第4条（通勤手当）

　通勤するために、交通機関を利用した場合には通勤手当として、実費を支給する。ただし、上限は月5万円とする。

第5条（精皆勤手当）

　精皆勤手当は本人の勤務成績に応じて支給する。

（戦力としての雇用の場合のみ）

第6条（調整手当）

　定年後再雇用者については、調整手当は支給しない。

（福祉的雇用の場合）

第7条（特別作業手当）

　定年後再雇用者に対しては、特別作業手当の対象となる業務を行わせることはないため、特別作業手当は支給しない。

（戦力としての雇用の場合）

第7条（特別作業手当）

　定年後再雇用者が特別作業手当の対象となる業務を行う場合、特別作業手当を支給する。

第8条（資格手当）

　資格手当は、会社の指定する資格を取得した者に支給する。会社の指定する資格は正社員のものと同じとする。

第9条（割増賃金）

　定年後再雇用者が、法定労働時間を超えて労働した場合は時間外手当、法定休日に労働した場合には休日手当、深夜に労働

した場合には深夜手当を支給する。割増率については正社員の
ものと同じとする。

第 10 条（昇給の場合）
　定年後再雇用者に対しては、原則として昇給は行わない。

（福祉的雇用の場合）
第 11 条（賞与）
　定年後再雇用者に対しては、原則として賞与は支給しない。

（戦力としての雇用の場合）
第 11 条（賞与）
　賞与については賃金規程第○条から第○条の「賞与」の規定
の「従業員」を「定年後再雇用者」と置き換えた上で準用す
る。

◆定年後再雇用者労働条件通知書

令和3年 3月 22日

○○ ○○ 殿	事業場名称・所在地 愛知県名古屋市熱田区□□町1-2 A株式会社 使用者職氏名 代表取締役 △△ △△

契約期間	期間の定めなし 期間の定めあり（ 令和3年 4月 5日〜 令和4年 4月 4日） ※以下は、「契約期間」について「期間の定めあり」とした場合に記入 1 契約の更新の有無 ［自動的に更新する 更新する場合があり得る 契約の更新はしない・その他（ 　 ）］ 2 契約の更新は次により判断する。 ・契約期間満了時の業務量 ・勤務成績、態度 ・能力 ・会社の経営状況 ・従事している業務の進捗状況 ・その他（ 解雇事由又退職事由に該当しない場合 ） 無期転換申込権が発生しない期間：定年後引き続いて雇用されている期間
就業の場所	本社工場
従事すべき 業務の内容	1 業務内容は定年前と（ 同じ・異なる ） 2 配置転換（ 有・無 ） プレス機械の操作の補助、操作方法の指導
始業、終業の 時刻、休憩時 間、就業時転 換（(1)〜(5) のうち該当す るもの一つに ○を付けるこ と。）、所定時 間外労働の有 無に関する事 項	1 始業・終業の時刻等 (1) 始業（ 午前 9時 00分） 終業（午後 6時 00分） 【以下のような制度が労働者に適用される場合】 (2) 変形労働時間制等；（ ）単位の変形労働時間制・交替制として、次の勤務時間の 組み合わせによる。 ┌ 始業（ 時 分） 終業（ 時 分） （適用日 ） ├ 始業（ 時 分） 終業（ 時 分） （適用日 ） └ 始業（ 時 分） 終業（ 時 分） （適用日 ） (3) フレックスタイム制；始業及び終業の時刻は労働者の決定に委ねる。 （ただし、フレキシブルタイム（始業） 時 分から 時 分、 （終業） 時 分から 時 分、 コアタイム 時 分から 時 分） (4) 事業場外みなし労働時間制；始業（ 時 分）終業（ 時 分） (5) 裁量労働制；始業（ 時 分）終業（ 時 分）を基本とし、労働者の決定に委ね る。 ○詳細は、定年後再雇用者就業規則第11条 2 休憩時間（ 60 ）分 3 所定時間外労働の有無 （有 （1週 時間、1か月 時間、1年 時間） 無 ） 4 休日労働 （有 （1か月 日、1年 日）、 無 ）
休 日 及 び 勤 務 日	・定例日；毎週日曜日、その他（夏期休暇、年末年始、その他会社カレンダーによる） ・非定例日；週・月当たり 日、その他（ ） ・1年単位の変形労働時間制の場合ー年間 日 （勤務日） 毎週（ ）、その他（ ） ○詳細は、定年後再雇用者就業規則第12条
休 暇	1 年次有給休暇 年次有給休暇の勤続年数、付与日数は定年前のものを引き継ぐ 2 代替休暇（有 無 ） 3 その他の休暇 有給（ ） 無給（ ） ○詳細は、就業規則第14条

（次頁に続く）

賃　　金	1　基本賃金　イ　月給（**245,000**円）、ロ　日給（　　　　円） 　　　　　ハ　時間給（　　　　円）、 　　　　　ニ　出来高給（基本単価　　　円、保障給　　　円） 　　　　　ホ　その他（　　　　円） 　　　　　ヘ　就業規則に規定されている賃金等級等 　　　　　　　　　　　　　　　　　　　　　　　　　　　　　　　　　　　　　 2　諸手当の額又は計算方法 　　イ（　**通勤手当　15,000**円　／計算方法：**通勤にかかる費用の実費**　　　） 　　ロ（**精皆勤手当　10,000**円　／計算方法：**勤務成績に応じて**　　　　） 　　ハ（　**資格手当　10,000**円　／計算方法：**会社の指定する資格保持数に応じて**） 　　ニ（　　手当　　円　／計算方法：　　　　　　　　　　） 3　所定時間外、休日又は深夜労働に対して支払われる割増賃金率 　　イ　所定時間外、法定超　月６０時間以内（　**25**）％ 　　　　　　　　　　　　　月６０時間超　（　**25**）％ 　　　　　　　　　所定超（　　　）％ 　　ロ　休日　法定休日（　**35**）％、法定外休日（　**25**）％ 　　ハ　深夜（　**25**）％ 4　賃金締切日（**基本給・諸手当**）－毎月**20**日、（時間外・休日割増賃金）－毎月**20**日 5　賃金支払日（**基本給・諸手当**）－毎月**末**日、（時間外・休日割増賃金）－毎月**末**日 6　賃金の支払方法（　**本人名義の銀行口座振込**　） 7　労使協定に基づく賃金支払時の控除（**無**，有（　　　）） 8　昇給（　有（時期、金額等　　　　　），（**無**）） 9　賞与（　有（時期、金額等　　　　　），（**無**）） 10　退職金（　有（時期、金額等　　　　），（**無**））
退職に関する事項	1　定年制（　**有**（　**60**歳），　無　） 2　継続雇用制度（　**有**（　**65**歳まで），　無　） 3　自己都合退職の手続（退職する　**30**日以上前に届け出ること） 4　解雇の事由および手続については、定年後再雇用者就業規則第**19**条の定めるところによる。
その他	・社会保険の加入状況（　**厚生年金　健康保険**　厚生年金基金　その他（　　　）） ・雇用保険の適用（　**有**，　無　） ・雇用管理の改善等に関する事項に係る相談窓口 　　部署名　**総務部**　　担当者職氏名　■■　■■　　（連絡先　**052－000－0000**　） ・その他 　　　　　　　　　　　　　　　　　　　　　　　　　　　　　　　　　　　　 ・具体的に適用される就業規則名（**定年後再雇用者就業規則、定年後再雇用者賃金規程**） ※以下は、「契約期間」について「期間の定めあり」とした場合についての説明です。 　　労働契約法第18条の規定により、有期労働契約（平成25年4月1日以降に開始するもの）の契約期間が通算５年を超える場合には、労働契約の期間の末日までに労働者から申込みをすることにより、当該労働契約の期間の末日の翌日から期間の定めのない労働契約に転換されます。ただし、有期雇用特別措置法による特例の対象となる場合は、この「５年」という期間は、本通知書の「契約期間」欄に明示したとおりとなります。

※　以上のほかは、当社就業規則による。
※　本通知書の交付は、労働基準法第１５条に基づく労働条件の明示及び短時間労働者の雇用管理の改善等に関する法律第６条に基づく文書の交付を兼ねるものであること。

◆高年齢者等職業安定対策基本方針

○厚生労働省告示第三百五十号

　高年齢者等の雇用の安定等に関する法律（昭和四十六年法律第六十八号）第六条第一項の規定に基づき、高年齢者等職業安定対策基本方針を次のように定め、令和三年四月一日から適用することとしたので、同条第四項の規定に基づき告示する。なお、高年齢者等職業安定対策基本方針（平成二十四年厚生労働省告示第五百五十九号）は、令和三年三月三十一日限り廃止する。

　　令和二年十月三十日

　　　　　　　　　　　　　　　厚生労働大臣　　田村　　憲久

　　高年齢者等職業安定対策基本方針

目次

　はじめに

　第1　高年齢者の就業の動向に関する事項

　第2　高年齢者の就業の機会の増大の目標に関する事項

　第3　事業主が行うべき諸条件の整備等に関して指針となるべき事項

　第4　高年齢者の職業の安定を図るための施策の基本となるべき事項

はじめに

　1　方針のねらい

　　少子高齢化が急速に進行し人口が減少する我が国においては、経済社会の活力を維持するため、全ての年代の人々がその特性・強みを活かし、経済社会の担い手として活躍できるよう環境整備を進めることが必要である。

　　特に、人生100年時代を迎える中、働く意欲がある高年齢者がその能力を十分に発揮できるよう、高年齢者が活躍できる環境整備を図っていくことが重要である。

　　働く意欲がある高年齢者がその能力を十分に発揮できるよう、高年齢者の活躍の場を整備するため、令和2年第201回通常国会におい

て、70歳までの就業機会の確保を事業主の努力義務とすること等を内容とする高年齢者等の雇用の安定等に関する法律（昭和46年法律第68号。以下「法」という。）の改正（以下「令和2年改正」という。）が行われた。この基本方針は、令和2年改正の趣旨等を踏まえ、高年齢者の雇用・就業についての目標及び施策の基本的考え方を、労使を始め国民に広く示すとともに、事業主が行うべき諸条件の整備等に関する指針を示すこと等により、高年齢者の雇用の安定の確保、再就職の促進及び多様な就業機会の確保を図るものである。

また、70歳までの就業機会の確保に関する施策を推進するに当たっては、65歳までの雇用機会が確保されていることが前提である。このため、令和2年改正による改正前の法による65歳までの希望者全員の雇用確保措置（令和6年度年度末に労使協定による継続雇用制度の対象者基準を適用できる経過措置は終了）の導入に向けた取組を引き続き行うことが必要である。

2 方針の対象期間

この基本方針の対象期間は、令和3年度から令和7年度までの5年間とする。ただし、この基本方針の内容は令和2年改正を前提とするものであることから、高年齢者の雇用等の状況や、労働力の需給調整に関する制度、雇用保険制度、年金制度、公務員に係る再任用制度等関連諸制度の動向に照らして、必要な場合は改正を行うものとする。

第1 高年齢者の就業の動向に関する事項

1 人口及び労働力人口の高齢化

我が国の人口は、世界でも例を見ない急速な少子高齢化が進行しており、平成27年（2015年）から令和22年（2040年）までの25年間においては、15〜59歳の者が約1,693万人減少するのに対し、60歳以上の高年齢者が約477万人増加し、2.4人に1人が60歳以上の高年齢者となるものと見込まれる。

また、60歳以上の労働力人口は令和元年で約1,450万人であり、令

和 18 年（2036 年）から令和 21 年（2039 年）にかけていわゆる団塊 2 世（昭和 46 年（1971 年）から昭和 49 年（1974 年）までに生まれた世代）が 65 歳に達する等人口ピラミッドの変化が起きることから、平成 29 年（2017 年）と労働力率が同じ水準であるとすれば、平成 29 年（2017 年）から令和 22 年（2040 年）までの 23 年間においては、60〜69 歳の労働力人口は 24 万人減少し、70 歳以上の労働力人口は 26 万人増加すると見込まれる（総務省統計局「国勢調査」（平成 27 年）、「労働力調査」（令和元年）及び国立社会保障・人口問題研究所「日本の将来推計人口」（平成 29 年）の出生中位（死亡中位）推計、独立行政法人労働政策研究・研修機構「労働力需給の推計―労働力需給モデル（2018 年度版）による将来推計―」（2019））。

2　高年齢者の雇用・就業の状況

　高年齢者の雇用失業情勢を見ると、令和元年における完全失業率は、年齢計及び 60〜64 歳層ともに 2.4％となっており、これを男女別に見ると、男性については年齢計及び 60〜64 歳層ともに 2.5％であるのに対し、女性については年齢計が 2.2％、60〜64 歳層では 1.7％となっている。

　なお、65〜 69 歳層の完全失業率は 2.3％であり、男女別に見ると、男性は 3.1％ 、女性は 1.1％となっている（総務省統計局「労働力調査」）。

　60〜64 歳層の就業率は、平成 24 年に 57.7％、令和元年に 70.3％となっている。これを男女別に見ると、男性は、平成 24 年に 71.3％、令和元年に 82.3％となっている。また、女性は、平成 24 年に 44.5％、令和元年に 58.6％となっており、近年高まっている（総務省統計局「労働力調査」）。また、常用労働者が 31 人以上の企業における 60〜64 歳層の常用労働者数は、平成 24 年の約 196 万人から、令和元年の約 215 万人に増加している（厚生労働省「高年齢者雇用状況報告」）。

　65〜69 歳層の就業率は、平成 24 年に 37.1％、令和元年に 48.4％となっている。これを男女別に見ると、男性は、平成 24 年に 46.9％、

令和元年に 58.9%、女性は、平成 24 年に 27.8%、令和元年に 38.6% となっており、近年高まっている（総務省統計局「労働力調査」）。

60〜69 歳の高年齢者の勤務形態を見ると、令和元年時点で、男性の雇用者に占めるフルタイム勤務以外の者の割合は、60〜64 歳層で 22.5%、65〜69 歳層で 52.9% となっている。また、女性の雇用者に占めるフルタイム勤務以外の者の割合は、60〜64 歳層で 62.9%、65〜69 歳層で 69.8% となっており、年齢層が高くなるほど高まっている（独立行政法人労働政策研究・研修機構「60 代の雇用・生活調査」（令和元年））。

なお、60〜69 歳の高年齢者の仕事の内容を見ると、「会社、団体などに雇われて仕事をしていた」と答えた者の割合は、男性は、60〜64 歳層で 70.7%、65〜69 歳層で 58.1%、女性は、60〜64 歳層で 73.0%、65〜69 歳層で 56.9% となっており、「商店、工場、農家などの自家営業（自営業主の場合をいいます）や自由業であった」と答えた者の割合は、男性は、60〜64 歳層で 11.1%、65〜69 歳層で 15.6%、女性は、60〜64 歳層で 8.2%、65〜69 歳層で 12.3% となっている（独立行政法人労働政策研究・研修機構「60 代の雇用・生活調査」（令和元年））。

3　高年齢者に係る雇用制度の状況

(1)　定年制及び継続雇用制度の動向

令和元年 6 月 1 日現在、常用労働者が 31 人以上の企業のうち 99.8% が 65 歳までの令和 2 年改正前の法第 9 条第 1 項の規定に基づく高年齢者雇用確保措置（定年の引上げ、継続雇用制度（現に雇用している高年齢者が希望するときは、当該高年齢者をその定年後も引き続いて雇用する制度をいう。以下同じ。）の導入又は定年の定めの廃止をいう。以下この第 1 において同じ。）を実施済みである。そのうち、定年の定めの廃止の措置を講じた企業の割合は 2.7%、定年の引上げの措置を講じた企業の割合は 19.4%、継続雇用制度の導入の措置を講じた企業の割合は 77.9% となっている。継続雇用制度を導入した企業のうち、希望者全員を対象とする制度を導入した

企業の割合は 73.0％、制度の対象となる高年齢者に係る基準を定めた企業の割合は 27.0％となっている。

　また、希望者全員が 65 歳以上まで働ける企業の割合は 78.8％となっている（厚生労働省「高年齢者雇用状況報告」（令和元年））。60 代前半の継続雇用者の雇用形態については、60～64 歳層で正社員の者が 26.4％、パート・アルバイトの者が 34.6％、嘱託の者が 18.2％、契約社員の者が 13.6％、65～69 歳層で正社員の者が 14.6％、パート・アルバイトの者が 49.0％、嘱託の者が 11.1％、契約社員の者が 15.6％となっている（独立行政法人労働政策研究・研修機構「60 代の雇用・生活調査」（令和元年））。

　また、高年齢者雇用確保措置を講じている企業で、勤務延長制度の雇用契約期間について 1 年とする企業の割合が 51.8％、1 年を超える期間とする企業の割合は 9.2％、半年以上 1 年未満とする企業の割合は 2.8％、半年未満とする企業の割合は 1.7％、期間を定めない企業が 34.5％となっている。また、再雇用制度の雇用契約期間について 1 年とする企業の割合が 74.7％、1 年を超える期間とする企業の割合は 8.2％、半年以上 1 年未満とする企業の割合は 4.2％、半年未満とする企業の割合は 1.8％、期間を定めない企業が 11.1％となっている（厚生労働省「就労条件総合調査」（平成 29 年））。

(2)　賃金の状況

　イ　賃金決定の要素

　　過去 3 年間に賃金制度の改定を行った企業（35.5％）では、その改定内容（複数回答）として、「職務・職種などの仕事の内容に対応する賃金部分の拡大」（21.3％）、「職務遂行能力に対応する賃金部分の拡大」（18.5％）、「業績・成果に対応する賃金部分の拡大」（16.1％）を多く挙げている（厚生労働省「就労条件総合調査」（平成 29 年））。

　ロ　転職者の賃金

　　転職時の賃金変動の状況をみると、減少となっている者の割

合は、一般に年齢が高いほど高くなる傾向にあり、10％以上の
減少となっている者の割合は45～49歳で23.2％、50～54歳で
20.1％、55～59歳で37.6％、60～64歳で65.1％となっている。
ただし、65歳以上では47.8％となっており、その割合は減少し
ている（厚生労働省「雇用動向調査」（令和元年（上半期）））。

　ハ　継続雇用時の賃金

　　60歳以降もそれまでに在籍した企業に継続して雇用されるフ
ルタイムの労働者の60歳直前の賃金を100とした場合の61歳
の時点の賃金水準の指数については、企業内で平均的な賃金水
準の者が78.7となっている。（独立行政法人労働政策研究・研
修機構「高齢者の雇用に関する調査（企業調査）」（令和元年））。

　ニ　継続雇用時の賃金水準決定の要素

　　60代前半の継続雇用者の賃金水準決定の際に考慮している点
（複数回答）をみると、「60歳到達時の賃金水準」（48.0％）、「個
人の知識、技能、技術」（47.8％）、「担当する職務の市場賃金・
相場」（20.5％）、「業界他社の状況」（18.4％）、「自社所在地域
の最低賃金」（14.1％）となっている（独立行政法人労働政策研
究・研修機構「高齢者の雇用に関する調査（企業調査）」（令和
元年））。

4　高年齢者の労働災害の状況

　労働災害の発生状況を休業4日以上の死傷者数でみると、60歳以上
の労働者の割合は、平成24年（2012年）の21.0％から、令和元年
（2019年）の26.8％に増加している（厚生労働省「労働者死傷病報
告」）。

5　高年齢者の就業意欲

　60歳以上の男女の就業意欲についてみると、現在就労している60
歳以上の者のうち、70歳くらいまで仕事をしたい者の割合が21.9％、
75歳くらいまで仕事をしたい者の割合が11.4％、80歳くらいまで仕
事をしたい者の割合が4.4％、働けるうちはいつまでも仕事をしたい

者の割合が 42.0％となっている（内閣府「高齢者の日常生活に関する
意識調査」（平成 26 年））。

第 2　高年齢者の就業の機会の増大の目標に関する事項

　高年齢者の職業の安定その他の福祉の増進を図るとともに、少子高齢
化が進む中で経済社会の活力を維持するためには、年齢にかかわりなく
働ける企業の普及を図り、高年齢者の雇用の場の拡大に努めること等に
より、高年齢者の就業の機会を確保し、生涯現役社会を実現することが
必要である。

　また、平成 25 年度から公的年金の報酬比例部分の支給開始年齢が段
階的に 65 歳へ引き上げられていることから、雇用と年金の確実な接続
を図ることが重要である。このため、高年齢者等の雇用の安定等に関す
る法律の一部を改正する法律（平成 24 年法律第 78 号）による改正後の
法に基づき、希望者全員の 65 歳までの高年齢者雇用確保措置が全ての
企業において講じられるよう取り組む。

　加えて、人生 100 年時代を迎え、働く意欲がある高年齢者がその能力
を十分に発揮できるよう、高年齢者の活躍の場を整備することも重要で
ある。このため、令和 2 年改正後の法に基づき、70 歳までの高年齢者就
業確保措置が適切に企業において講じられるよう取り組む。

　なお、高年齢者の雇用対策については、その知識、経験等を活かした
安定した雇用の確保が基本となるが、それが困難な場合にあっては、在
職中からの再就職支援等により、円滑に企業間の労働移動を行うことが
できるよう、また、有期契約労働者を含め離職する労働者に対しては、
その早期再就職が可能となるよう再就職促進対策の強化を図る。

　また、高齢期には、個々の労働者の意欲、体力等個人差が拡大し、そ
の雇用・就業ニーズも雇用就業形態、労働時間等において多様化するこ
とから、このような多様なニーズに対応した雇用・就業機会の確保を図
る。これらの施策により、成長戦略実行計画（令和元年 6 月 21 日閣議
決定）で示された 2025 年までの目標である 65〜69 歳の就業率を 51.6％

以上とすることを目指す。

第3　事業主が行うべき諸条件の整備等に関して指針となるべき事項
　1　事業主が行うべき諸条件の整備に関する指針
　　　事業主は、高年齢者が年齢にかかわりなく、その意欲及び能力に応じて働き続けることができる社会の実現に向けて企業が果たすべき役割を自覚しつつ、労働者の年齢構成の高齢化や年金制度の状況等も踏まえ、労使間で十分な協議を行いつつ、高年齢者の意欲及び能力に応じた雇用機会の確保等のために次の(1)から(7)までの諸条件の整備に努めるものとする。
　(1)　募集・採用に係る年齢制限の禁止
　　　　労働者の募集・採用に当たっては、労働者の一人ひとりに、より均等な働く機会が与えられるよう、労働施策の総合的な推進並びに労働者の雇用の安定及び職業生活の充実等に関する法律（昭和41年法律第132号）において、募集・採用における年齢制限が禁止されているが、高年齢者の雇用の促進を目的として、60歳以上の高年齢者を募集・採用することは認められている。
　　　　なお、労働施策の総合的な推進並びに労働者の雇用の安定及び職業生活の充実等に関する法律施行規則（昭和41年労働省令第23号）第1条の3第1項各号に該当する場合であって、上限年齢を設定するときには、法第20条第1項の規定に基づき、求職者に対してその理由を明示する。
　(2)　職業能力の開発及び向上
　　　　高年齢者の有する知識、経験等を活用できる効果的な職業能力開発を推進するため、必要な職業訓練を実施する。その際には、公共職業能力開発施設・民間教育訓練機関において実施される職業訓練も積極的に活用する。
　(3)　作業施設の改善
　　　　作業補助具の導入を含めた機械設備の改善、作業の平易化等作業

方法の改善、照明その他の作業環境の改善並びに福利厚生施設の導入及び改善を通じ、身体的機能の低下等に配慮することにより、体力等が低下した高年齢者が職場から排除されることを防ぎ、その職業能力を十分発揮できるように努める。

その際には、独立行政法人高齢・障害・求職者雇用支援機構（以下「機構」という。）が有する高年齢者のための作業施設の改善等に関する情報等の積極的な活用を図る。

(4) 高年齢者の職域の拡大

企業における労働者の年齢構成の高齢化に対応した職務の再設計を行うこと等により、身体的機能の低下等の影響が少なく、高年齢者の知識、経験、能力等が十分に活用できる職域の拡大に努める。

また、合理的な理由がないにもかかわらず、年齢のみによって高年齢者を職場から排除することのないようにする。

(5) 高年齢者の知識、経験等を活用できる配置、処遇の推進

高年齢者について、その意欲及び能力に応じた雇用機会を確保するため、職業能力を評価する仕組みや資格制度、専門職制度等の整備を行うことにより、その知識、経験等を活用することのできる配置、処遇を推進する。

(6) 勤務時間制度の弾力化

高齢期における就業希望の多様化や体力の個人差に対応するため、短時間勤務、隔日勤務、フレックスタイム制等を活用した勤務時間制度の弾力化を図る。

(7) 事業主の共同の取組の推進

高年齢者の雇用機会の開発を効率的に進めるため、同一産業や同一地域の事業主が、高年齢者の雇用に関する様々な経験を共有しつつ、労働者の職業能力開発の支援、職業能力を評価する仕組みの整備、雇用管理の改善等についての共同の取組を推進する。

2 再就職の援助等に関する指針

事業主は、解雇等により離職することとなっている高年齢者が再就

職を希望するときは、当該高年齢者が可能な限り早期に再就職することができるよう、当該高年齢者の在職中の求職活動や職業能力開発について、主体的な意思に基づき次の(1)から(4)までの事項に留意して積極的に支援すること等により、再就職の援助に努めるものとする。

(1) 再就職の援助等に関する措置の内容

　再就職の援助等の対象となる高年齢者（以下「離職予定高年齢者」という。）に対しては、その有する職業能力や当該離職予定高年齢者から聴取した再就職に関する希望等を踏まえ、例えば、次のイからホまでの援助を必要に応じて行うよう努める。

　　イ　教育訓練の受講、資格試験の受験等求職活動のための休暇の付与

　　ロ　イの休暇日についての賃金の支給、教育訓練等の実費相当額の支給等在職中の求職活動に対する経済的な支援

　　ハ　求人の開拓、求人情報の収集・提供、関連企業等への再就職のあっせん

　　ニ　再就職に資する教育訓練、カウンセリング等の実施、受講等のあっせん

　　ホ　事業主間で連携した再就職の支援体制の整備

(2) 求職活動支援書の作成等

　離職予定高年齢者については、求職活動支援書の交付希望の有無を確認し、当該離職予定高年齢者が希望するときは、その能力、希望等に十分配慮して、求職活動支援書を速やかに作成・交付する。交付が義務付けられていない定年退職者等の離職予定高年齢者についても、当該離職予定高年齢者が希望するときは、求職活動支援書を作成・交付するよう努める。

　求職活動支援書を作成するときは、あらかじめ再就職援助に係る基本的事項について、労働者の過半数で組織する労働組合がある場合においてはその労働組合、労働者の過半数で組織する労働組合がない場合においては労働者の過半数を代表する者と十分な協議を行

うとともに、求職活動支援書の交付希望者本人から再就職及び在職中の求職活動に関する希望を十分聴取する。

なお、求職活動支援書を作成する際には、当該交付希望者が有する豊富な職業キャリアを記載することができるジョブ・カード（職業能力開発促進法（昭和44年法律第64号）第15条の4第1項に規定する職務経歴等記録書をいう。）の様式を積極的に活用する。

(3) 公共職業安定所等による支援の積極的な活用等

求職活動支援書の作成その他の再就職援助等の措置を講ずるに当たっては、必要に応じ、公共職業安定所等に対し、情報提供その他の助言・援助を求めるとともに、公共職業安定所が在職中の求職者に対して実施する職業相談や、地域における関係機関との連携の下で事業主団体等が行う再就職援助のための事業を積極的に活用する。

また、公共職業安定所の求めに応じ、離職予定高年齢者の再就職支援に資する情報の提供を行う等、公共職業安定所との連携及び協力に努める。

(4) 助成制度の有効な活用

求職活動支援書の作成・交付を行うことにより、離職予定高年齢者の再就職援助を行う事業主等に対する雇用保険制度に基づく助成制度の有効な活用を図る。

3 職業生活の設計の援助に関する指針

事業主は、その雇用する労働者が、様々な変化に対応しつつキャリア形成を行い、高齢期に至るまで職業生活の充実を図ることができるよう、次の(1)及び(2)の事項の実施を通じて、その高齢期における職業生活の設計について効果的な援助を行うよう努めるものとする。

この場合において、労働者が就業生活の早い段階から将来の職業生活を考えることができるよう、情報の提供等に努める。

(1) 職業生活の設計に必要な情報の提供、相談等

職業生活の設計に関し必要な情報の提供を行うとともに、職業能力開発等に関するきめ細かな相談を行い、労働者自身の主体的な判

断及び選択によるキャリア設計を含めた職業生活の設計が可能となるよう配慮する。

また、労働者が職業生活の設計のために企業の外部における講習の受講その他の活動を行う場合に、勤務時間等について必要な配慮を行う。

(2) 職業生活設計を踏まえたキャリア形成の支援

労働者の職業生活設計の内容を必要に応じ把握しつつ、職業能力開発に対する援助を行う等により、当該労働者の希望や適性に応じたキャリア形成の支援を行う。

第4 高年齢者の職業の安定を図るための施策の基本となるべき事項

1 高年齢者雇用確保措置等（法第9条第1項に規定する高年齢者雇用確保措置及び法第10条の2第4項に規定する高年齢者就業確保措置をいう。以下同じ。）の円滑な実施を図るための施策の基本となるべき事項

国は、高年齢者雇用確保措置等が各企業の労使間での十分な協議の下に適切かつ有効に実施されるよう、次の(1)から(5)までの事項に重点をおいて施策を展開する。

(1) 高年齢者雇用確保措置等の実施及び運用に関する指針の周知徹底

65歳未満定年の定めのある企業において、65歳までの高年齢者雇用確保措置の速やかな実施、希望者全員の65歳までの安定した雇用の確保に関する自主的かつ計画的な取組が促進されるよう、法第9条第3項の規定に基づく高年齢者雇用確保措置の実施及び運用に関する指針（平成24年厚生労働省告示第560号）の内容について、その周知徹底を図る。

また70歳未満定年の定めのある企業又は70歳未満を上限年齢とする継続雇用制度を導入している企業において、70歳までの高年齢者就業確保措置の実施に向けた自主的かつ計画的な取組が促進されるよう、法第10条の2第4項の規定に基づく高年齢者就業確保措

置の実施及び運用に関する指針（令和2年厚生労働省告示第351号）の内容について、その周知徹底を図る。

(2) 高年齢者雇用確保措置等に係る指導等

都道府県労働局及び公共職業安定所においては、全ての企業において高年齢者雇用確保措置が講じられるよう、周知の徹底や企業の実情に応じた指導等に積極的に取り組む。

その際、特に、企業の労使間で合意され、実施又は計画されている高年齢者雇用確保措置に関する好事例その他の情報の収集及びその効果的な提供に努める。

また、高年齢者雇用確保措置の実施に係る指導を繰り返し行ったにもかかわらず何ら具体的な取組を行わない企業には勧告書を発出し、勧告に従わない場合には企業名の公表を行い、各種法令等に基づき、公共職業安定所での求人の不受理・紹介保留、助成金の不支給等の措置を講じる。

高年齢者就業確保措置は、令和2年改正により新たに設けられた努力義務であり、また、高年齢者雇用確保措置とは異なる創業支援等措置を新たな選択肢として規定していることから、まずは、制度の趣旨や内容の周知徹底を主眼とする啓発及び指導を行うとともに、企業の労使間で合意され、実施又は計画されている高年齢者就業確保措置に関する好事例その他の情報の収集及びその効果的な提供に努める。また、雇用時における業務と、内容及び働き方が同様の業務を創業支援等措置と称して行わせるなど、令和2年改正の趣旨に反する措置を講ずる事業主に対しては、措置の改善等のための指導等を行う。

(3) 継続雇用される高年齢者の待遇の確保

継続雇用により定年後も働く高年齢者について、短時間労働者及び有期雇用労働者の雇用管理の改善等に関する法律（平成5年法律第76号）に基づき、雇用形態にかかわらない公正な待遇の確保が図られるよう、事業主への支援や指導を適切に行う。

　また、高年齢者のモチベーションや納得性に配慮した、能力及び成果を重視する評価・報酬体系の構築を進める事業主等に対する助成や相談・援助等を適切に行う。

　さらに、雇用保険法等の一部を改正する法律（令和2年法律第14号）により、令和7年度から新たに60歳となる高年齢労働者への高年齢雇用継続給付が縮小されることについて、事業主を含めた周知を十分な時間的余裕をもって行う。高年齢雇用継続給付の見直しに当たって、雇用形態にかかわらない公正な待遇の確保を推進する等の観点から、高年齢労働者の処遇の改善に向けて先行して取り組む事業主に対する支援策とともに、同給付の給付率の縮小後の激変緩和措置についても併せて講じていくことについて、検討を進める。

(4)　高年齢者雇用アドバイザーとの密接な連携

　企業が高年齢者雇用確保措置等のいずれかを講ずるに当たり高年齢者の職業能力の開発及び向上、作業施設の改善、職務の再設計や賃金・人事処遇制度の見直し等を行う場合において、機構に配置されている高年齢者雇用アドバイザーが専門的・技術的支援を有効に行うことができるよう、公共職業安定所は、適切な役割分担の下で、機構と密接な連携を図る。

(5)　助成制度の有効な活用等

　高年齢者の雇用の機会の増大に資する措置や高年齢者就業確保措置を講ずる事業主等に対する助成制度の有効な活用を図るとともに、必要に応じて、当該助成制度について必要な見直しを行う。

2　高年齢者の再就職の促進のための施策の基本となるべき事項

(1)　再就職の援助等に関する指針の周知徹底

　企業において、離職予定高年齢者に対する在職中の求職活動の援助等に関する自主的な取組が促進されるよう、第3の2の内容について、その周知徹底を図る。

(2)　公共職業安定所による求職活動支援書に係る助言・指導

　離職予定高年齢者については、法により事業主に義務付けられて

いる高年齢者雇用状況等報告や多数離職届、事業主からの雇用調整
の実施に関する相談や本人からの再就職に関する相談等を通じてそ
の把握に努め、また、離職予定高年齢者が希望した場合には求職活
動支援書の交付が事業主に義務付けられていることについての十分
な周知徹底を図る。

　さらに、求職活動支援書の交付が義務付けられていない定年退職
等の離職予定者についても、求職活動支援書の自主的な作成・交付
及びこれに基づく計画的な求職者支援を実施するよう事業主に対し
て啓発を行う。

　なお、離職予定高年齢者の的確な把握に資するため各事業所にお
ける定年制の状況や解雇等の実施に係る事前把握の強化を図るほ
か、法において高年齢者雇用状況等報告や多数離職届の提出が事業
主に義務付けられていることについての十分な周知徹底を図る。

(3)　助成制度の有効な活用等

　在職中の求職活動を支援する事業主に対する助成制度の有効な活
用を図るとともに、高年齢者の円滑な労働移動の支援を図る。ま
た、高年齢者の雇用等の実情を踏まえた当該助成制度の必要な見直
しに努める。

(4)　公共職業安定所による再就職支援

　公共職業安定所において、求職活動支援書の提示を受けたとき
は、その記載内容を十分参酌しつつ、可能な限り早期に再就職する
ことができるよう、職務経歴書の作成支援等、的確な職業指導・職
業紹介及び個別求人開拓を実施する。

　また、全国の主要な公共職業安定所に「生涯現役支援窓口」を設
置し、特に 65 歳以上の高年齢求職者に対して職業生活の再設計に
係る支援や支援チームによる就労支援を重点的に実施する。

　加えて、在職中に再就職先が決定せず失業するに至った高年齢者
については、その原因の的確な把握に努めつつ、必要に応じて職業
生活の再設計に係る支援や担当者制による就労支援を行う等、効果

的かつ効率的な職業指導・職業紹介を実施し、早期の再就職の促進に努める。

特に、有期契約労働者であった離職者については、離職・転職が繰り返されるおそれがあることから、公共職業安定所におけるマッチング支援、担当者制によるきめ細かな支援等の活用により、早期の再就職の促進に努める。

さらに、事業主に対して、機構と連携し、求職活動支援書の作成等に必要な情報提供等を行う。

(5) 募集・採用に係る年齢制限の禁止に関する指導、啓発等

高年齢者の早期再就職を図るため、積極的な求人開拓を行う。また、高年齢者に対する求人の増加を図り、年齢に係る労働力需給のミスマッチを緩和するため、募集・採用に係る年齢制限の禁止について、民間の職業紹介事業者の協力も得つつ、指導・啓発を行うとともに、労働者の募集・採用に当たって上限年齢を設定する事業主がその理由を求職者に提示しないときや当該理由の内容に関し必要があると認めるときには、事業主に対して報告を求め、助言・指導・勧告を行う。

3 その他高年齢者の職業の安定を図るための施策の基本となるべき事項

(1) 生涯現役社会の実現に向けた取組

生涯現役社会の実現を目指すため、高齢期を見据えた職業能力開発や健康管理について、労働者自身の意識の改善と取組や企業の取組への支援を行うほか、多様な就業ニーズに対応した雇用・就業機会の確保等の環境整備を図る。

また、生涯現役社会の実現に向けて、国民各層の意見を幅広く聴きながら、当該社会の在り方やそのための条件整備について検討するなど、社会的な気運の醸成を図る。

このため、都道府県労働局及び公共職業安定所においては、機構その他の関係団体と密接な連携を図りつつ、各企業の実情に応じ

て、定年の引上げ、継続雇用制度の導入、定年の定めの廃止等によって、年齢にかかわりなく雇用機会が確保されるよう周知するなど必要な支援に積極的に取り組む。

また、機構その他の関係団体においては、年齢にかかわりなく働ける企業の普及及び促進を図るため、都道府県労働局等との連携を図りつつ、事業主のほか国民各層への啓発などの必要な取組を進める。

(2) 高齢期の職業生活設計の援助

労働者が、早い段階から自らのキャリア設計を含めた職業生活の設計を行い、高齢期において、多様な働き方の中から自らの希望と能力に応じた働き方を選択し、実現できるようにすることが重要である。このため、公共職業安定所等が行う高齢期における職業生活の設計や再就職のためのキャリアの棚卸しに係る相談・援助等の利用を勧奨するとともに、事業主がその雇用する労働者に対して、高齢期における職業生活の設計について効果的な援助を行うよう、第3の3の趣旨の周知徹底等により啓発及び指導に努める。

また、個々の労働者がそのキャリア設計に沿った職業能力開発を推進できるよう、相談援助体制の整備に努める。

(3) 各企業における多様な職業能力開発の機会の確保

労働者が高齢期においても急激な経済社会の変化に的確かつ柔軟に対応できるよう、教育訓練の実施、教育訓練休暇の付与等を行う事業主に対して必要な援助を行い、各企業における労働者の希望、適性等を考慮した職業能力開発の機会を確保する。

(4) 職業能力の適正な評価等の促進

高年齢者の職業能力が適正に評価され、当該評価に基づく適正な処遇が行われることを促進するため、各企業における職業能力を評価する仕組みの整備に関し、必要な情報の収集、整理及び提供に努める。また、技能検定制度等労働者の職業能力の公正な評価に資する制度の整備を図る。

(5) 教育訓練給付制度の周知徹底及び有効な活用

　高年齢者の主体的な職業能力開発を支援するため、雇用保険制度に基づく教育訓練給付制度の周知徹底及びその有効な活用を図る。

(6) 労働時間対策の推進

　高年齢者の雇用機会の確保、高年齢者にも働きやすい職場環境の実現等に配慮しつつ、所定外労働時間の削減、年次有給休暇の取得促進及びフレックスタイム制等の普及促進を重点に労働時間対策を推進する。

(7) 高年齢者の安全衛生対策

　高年齢者の労働災害防止対策、高年齢者が働きやすい快適な職場づくり及び高年齢者の健康確保対策を推進する。

　また、高年齢労働者の労働災害を防止するため「高年齢労働者の安全と健康確保のためのガイドライン」の周知徹底を図るとともに、創業支援等措置による就業についても、同ガイドラインを参考とするよう周知・広報する。

(8) 多様な形態による雇用・就業機会の確保

　定年退職後等に、臨時的・短期的又は軽易な就業を希望する高年齢者に対しては、地域の日常生活に密着した仕事を提供するシルバー人材センター事業の活用を推進する。

　雇用保険法等の一部を改正する法律（平成28年法律第17号）による法の改正（以下「平成28年改正」という。）により、シルバー人材センターにおける業務について、都道府県知事が市町村ごとに指定する業種等においては、高年齢者に労働者派遣事業又は職業紹介事業を行う場合に限り、労働時間が週40時間までの就業の機会を提供すること等ができるよう、業務範囲を拡大したところであり、当該平成28年改正に基づいた対応を引き続き行う。

(9) 高年齢者の起業等に対する支援

　高年齢者の能力の有効な発揮を幅広く推進する観点から、高年齢者が起業等により自ら就業機会を創出する場合に対して必要な支援

を行う。

(10) 地域における高年齢者の雇用・就業支援

　事業主団体と公共職業安定所の協力の下、企業及び高年齢者のニーズに合ったきめ細かな技能講習や面接会等を一体的に実施することにより、高年齢者の雇用・就業を支援する。

　また、平成 28 年改正により創設された生涯現役促進地域連携事業により、高年齢者の雇用・就業促進に向けた地域の取組みを支援する。

(11) 雇用管理の改善の研究等

　高年齢者の就業機会の着実な増大、高年齢者の雇用の安定等を図り、また、生涯現役社会の実現に向けた環境整備を進めるため、必要な調査研究を行うとともに、企業において取り組まれている高年齢者の活用に向けた積極的な取組事例を収集及び体系化し、各企業における活用を促進する。また、高年齢者雇用状況等報告等に基づき、高年齢者の雇用等の状況等の毎年度定期的な把握及び分析に努め、その結果を公表する。さらに、国際的に高年齢者の雇用に係る情報交換等を推進するとともに、年齢差別禁止等、高年齢者の雇用促進の観点について、さらに検討を深める。

◆ 高年齢者等の雇用の安定等に関する法律施行規則の一部を改正する

○厚生労働省令第百八十号

　雇用保険法等の一部を改正する法律（令和二年法律第十四号）の一部の

年法律第六十八号）第十条の二第一項及び第二項、第十条の三第二項及び

並びに第五十四条の規定に基づき、高年齢者等の雇用の安定等に関する法

　令和二年十月三十日

高年齢者等の雇用の安定等に関する法律施行規則の一部を改正する省

　高年齢者等の雇用の安定等に関する法律施行規則（昭和四十六年労

　次の表のように改正する。

改正後
目次
第一章　（略）
第二章　定年の引上げ、継続雇用制度の導入等による高年齢者の安 　　　　　定した雇用の確保の促進等（第四条の二―第五条）
第三章　（略）
第一節　事業主による高年齢者等の再就職の援助等（第六条―第 　　　　　六条の六）
第二節　（略）
第四章～第七章　（略）
附則
第二章　定年の引上げ、継続雇用制度の導入等による高年齢者の 　　　　　安定した雇用の確保の促進等
（法第十条の二第一項の厚生労働省令で定める者）

省令（抜粋）

施行に伴い、並びに高年齢者等の雇用の安定等に関する法律（昭和四十六
第三項、第十五条第一項、第十六条第二項、第十七条、第五十二条第一項
律施行規則の一部を改正する省令を次のように定める。

厚生労働大臣　田村　憲久

令
働省令第二十四号）の一部を次のように改正する。

改正前
目次
第一章　（略）
第二章　定年の引上げ、継続雇用制度の導入等による高年齢者の安定した雇用の確保の促進（第四条の二―第五条）
第三章　（略）
第一節　事業主による高年齢者等の再就職の援助等（第六条―第六条の五）
第二節　（略）
第四章〜第七章　（略）
附則
第二章　定年の引上げ、継続雇用制度の導入等による高年齢者の安定した雇用の確保の促進

第四条の四　法第十条の二第一項の厚生労働省令で定める者は、事業主の雇用する高年齢者のうち、他の事業主との間で締結した法第九条第二項の契約に基づき雇用する者とする。

(創業支援等措置の実施に関する計画)
第四条の五　事業主は、法第十条の二第二項の創業支援等措置(以下「創業支援等措置」という。)に関する計画を作成し、当該計画について、労働者の過半数で組織する労働組合がある場合においてはその労働組合の、労働者の過半数で組織する労働組合がない場合においては労働者の過半数を代表する者の同意を得るものとする。
2　前項の計画には、次に掲げる事項を記載するものとする。
　一　法第十条の二第四項の高年齢者就業確保措置(以下「高年齢者就業確保措置」という。)のうち、創業支援等措置を講ずる理由
　二　法第十条の二第二項第一号に規定する委託契約その他の契約又は同項第二号に規定する委託契約その他の契約(以下この項において「契約」という。)に基づいて高年齢者が従事する業務の内容に関する事項
　三　契約に基づいて高年齢者に支払う金銭に関する事項
　四　契約を締結する頻度に関する事項
　五　契約に係る納品に関する事項
　六　契約の変更に関する事項
　七　契約の終了に関する事項(契約の解除事由を含む。)
　八　諸経費の取扱いに関する事項
　九　安全及び衛生に関する事項
　十　災害補償及び業務外の傷病扶助に関する事項
　十一　法第十条の二第二項第二号ロ又はハに規定する社会貢献事業に係る委託契約その他の契約を締結し、当該契約に基づき高年齢者の就業を確保する措置を講ずる場合においては、当該社会貢献事業を実施する法人その他の団体に関する事項

高年齢者等の雇用の安定等に関する法律施行規則の一部を改正する省令（抜粋）

（新設）

（新設）

十二　前各号に掲げるもののほか、創業支援等措置の対象となる労働者の全てに適用される定めをする場合においては、これに関する事項

3　事業主は法第十条の二第一項ただし書の同意を得た第一項の計画を、次に掲げるいずれかの方法によつて、各事業所の労働者に周知するものとする。

一　常時当該事業所の見やすい場所へ掲示し、又は備え付けること。

二　書面を労働者に交付すること。

三　磁気テープ、磁気ディスクその他これらに準ずる物に記録し、かつ、当該事業所に労働者が当該記録の内容を常時確認できる機器を設置すること。

（法第十条の二第一項の過半数代表者）

第四条の六　法第十条の二第一項に規定する労働者の過半数を代表する者（以下この条において「過半数代表者」という。）は、次のいずれにも該当する者とする。

一　労働基準法（昭和二十二年法律第四十九号）第四十一条第二号に規定する監督又は管理の地位にある者でないこと。

二　法第十条の二第一項ただし書の同意を行う過半数代表者を選出することを明らかにして実施される投票、挙手等の方法による手続により選出された者であつて、事業主の意向に基づき選出されたものでないこと。

2　前項第一号に該当する者がいない場合にあつては、過半数代表者は、同項第二号に該当する者とする。

3　事業主は、労働者が過半数代表者であること若しくは過半数代表者になろうとしたこと又は過半数代表者として正当な行為をしたことを理由として不利益な取扱いをしないようにしなければならない。

5 高年齢者等の雇用の安定等に関する法律施行規則の一部を改正する省令（抜粋）

（新設）

4　事業主は、過半数代表者が法第十条の二第一項ただし書の同意に関する事務を円滑に遂行することができるよう必要な配慮を行わなければならない。

（法第十条の二第二項第一号の厚生労働省令で定める場合等）
第四条の七　法第十条の二第二項第一号の厚生労働省令で定める場合は、高年齢者が定年後又は法第九条第一項第二号の継続雇用制度の対象となる年齢の上限に達した後に新たに法人を設立し、当該法人が新たに事業を開始する場合とする。
2　法第十条の二第二項第一号の厚生労働省令で定める者は、前項の場合における法人とする。

（高年齢者就業確保措置の実施に関する計画）
第四条の八　法第十条の三第二項の高年齢者就業確保措置の実施に関する計画（以下この条において「計画」という。）には次に掲げる事項を含むものとする。
　一　計画の始期及び終期
　二　計画の期間中に実施する措置及びその実施時期
　三　計画の期間中及び終期における定年又は高年齢者就業確保措置の対象となる年齢の上限
2　計画の作成に関する勧告は、文書により行うものとする。
3　事業主は、計画を作成したときは、遅滞なく、これをその主たる事務所の所在地を管轄する公共職業安定所（その公共職業安定所が二以上ある場合には、厚生労働省組織規則（平成十三年厚生労働省令第一号）第七百九十二条の規定により当該事務を取り扱う公共職業安定所とする。以下同じ。）の長に提出しなければならない。

（高年齢者雇用等推進者の選任）

（新設）

（新設）

（高年齢者雇用推進者の選任）

第五条　事業主は、法第十一条の業務を遂行するために必要な知識及び経験を有していると認められる者のうちから当該業務を担当する者を高年齢者雇用等推進者として選任するものとする。

（再就職援助措置の対象となる高年齢者等の範囲等）
第六条　法第十五条第一項前段の厚生労働省令で定める者は、四十五歳以上七十歳未満の者であつて次の各号のいずれにも該当しないものとする。

一～三　（略）

四　事業主の雇用する高年齢者のうち、他の事業主との間で締結した法第九条第二項に規定する契約に基づき雇用する者（第三項第四号、第五号又は第七号の理由により離職する者を除く。）

五　事業主の雇用する高年齢者のうち、他の事業主との間で締結した法第十条の二第三項に規定する契約に基づき雇用する者（第三項第六号又は第七号の理由により離職する者を除く。）

2　法第十五条第一項後段の厚生労働省令で定める者は、次のとおりとする。

一　事業主が法第九条第二項の特殊関係事業主との間で同項に規定する契約を締結し、当該契約に基づき特殊関係事業主に雇用される者（次項第二号の理由により離職する者に限る。）

二　事業主が他の事業主との間で法第十条の二第三項に規定する契約を締結し、当該契約に基づき他の事業主に雇用される者（次項第三号の理由により離職する者に限る。）

三　創業支援等措置に基づいて事業主と法第十条の二第二項第一号に規定する委託契約その他の契約又は同項第二号に規定する委託契約その他の契約を締結する者

四　創業支援等措置に基づいて、法第十条の二第二項第二号ロ又はハの事業を実施する者と同号に規定する委託契約その他の契約を締結する者

第五条　事業主は、法第十一条の業務を遂行するために必要な知識及び経験を有していると認められる者のうちから当該業務を担当する者を<u>高年齢者雇用推進者</u>として選任するものとする。

（再就職援助措置の対象となる高年齢者等の範囲等）

第六条　<u>法第十五条第一項</u>の厚生労働省令で定める者は、四十五歳以上六十五歳未満の者であつて次の各号のいずれにも該当しないもの（以下「対象高年齢者等」という。）とする。

一～三　（略）

（新設）

（新設）

（新設）

3　法第十五条第一項の厚生労働省令で定める理由は、次のとおりとする。

一　定年（六十五歳以上のものに限る。）

二　法第九条第二項の継続雇用制度の対象となる年齢の上限に達したことによる離職（六十五歳以上のものに限る。）

三　高年齢者就業確保措置（定年の引上げ及び定年の定めの廃止を除く。第六号において同じ。）の対象となる年齢の上限に達したことによる離職

四　高年齢者等の雇用の安定等に関する法律の一部を改正する法律（平成二十四年法律第七十八号。第六条の三第八項において「平成二十四年改正法」という。）附則第三項の規定によりなおその効力を有することとされる同法による改正前の法第九条第二項の継続雇用制度の対象となる高年齢者に係る基準を定めた場合における当該基準に該当しなかつたことによる離職

五　法第九条第二項の継続雇用制度の対象となる高年齢者に係る基準を定めた場合における当該基準に該当しなかつたことによる離職（六十五歳以上のものに限る。）

六　高年齢者就業確保措置の対象となる高年齢者に係る基準を定めた場合における当該基準に該当しなかつたことによる離職

七　解雇（自己の責めに帰すべき理由によるものを除く。）その他の事業主の都合

（多数離職の届出の対象となる高年齢者等の数等）
第六条の二　（略）

　2　法第十五条第一項の厚生労働省令で定める理由は、高年齢者等の
　　雇用の安定等に関する法律の一部を改正する法律（平成二十四年法
　　律第七十八号）附則第三項の規定によりなおその効力を有すること
　　とされる同法による改正前の法第九条第二項の継続雇用制度の対象
　　となる高年齢者に係る基準を定めた場合における当該基準に該当し
　　なかつたことその他事業主の都合とする。
（新設）
（新設）

（新設）

（新設）

（新設）

（新設）

（新設）

　（多数離職の届出の対象となる高年齢者等の数等）
第六条の二　（略）

2　法第十六条第一項の規定による届出は、多数離職届（様式第一号）を当該届出に係る離職が生ずる日（当該届出に係る離職の全部が同一の日に生じない場合にあつては、当該届出に係る最後の離職が生ずる日）の一月前までに当該事業所の所在地を管轄する公共職業安定所の長に提出することによつて行わなければならない。

3　法第十六条第二項の規定による離職者の数の算定は、同一の事業所において、一月以内の期間に、前条第三項各号に掲げる理由により離職する法第十五条第一項の再就職援助対象高年齢者等（以下この項において「再就職援助対象高年齢者等」という。）の数を合計することにより行うものとする。ただし、当該離職に係る再就職援助対象高年齢者等のうちに既に労働施策の総合的な推進並びに労働者の雇用の安定及び職業生活の充実等に関する法律（昭和四十一年法律第百三十二号）第二十七条第一項の規定に基づいて行われた届出（同法第二十四条第五項の規定により同法第二十七条第一項の大量雇用変動の届出をしたものとされる同法第二十四条第三項の認定の申請を含む。）に係る者（当該多数離職の届出に係る期間において前条第三項各号に掲げる理由により離職する者に限る。）がある場合には、その者の数を当該合計数から控除するものとする。

（求職活動支援書の作成等）
第六条の三　事業主は、法第十七条第一項の求職活動支援書（以下「求職活動支援書」という。）を作成する前に、離職することとなつている高年齢者等であつて第九項に規定する者（以下「高年齢離職予定者」という。）に共通して講じようとする再就職援助措置の内容について、当該求職活動支援書に係る事業所に、労働者の過半数で組織する労働組合がある場合においてはその労働組合の、労働者

2　法第十六条第一項の規定による届出は、多数離職届（様式第一号）を当該届出に係る離職が生ずる日（当該届出に係る離職の全部が同一の日に生じない場合にあつては、当該届出に係る最後の離職が生ずる日）の一月前までに当該事業所の所在地を管轄する公共職業安定所（その公共職業安定所が二以上ある場合には、厚生労働省組織規則（平成十三年厚生労働省令第一号）第七百九十二条の規定により当該事務を取り扱う公共職業安定所とする。）の長に提出することによつて行わなければならない。

3　法第十六条第二項の規定による離職者の数の算定は、同一の事業所において、一月以内の期間に、法第十五条第一項に規定する解雇等により離職する対象高年齢者等の数を合計することにより行うものとする。ただし、当該離職に係る対象高年齢者等のうちに既に労働施策の総合的な推進並びに労働者の雇用の安定及び職業生活の充実等に関する法律（昭和四十一年法律第百三十二号）第二十七条第一項の規定に基づいて行われた届出（同法第二十四条第五項の規定により同法第二十七条第一項の大量雇用変動の届出をしたものとされる同法第二十四条第三項の認定の申請を含む。）に係る者（当該多数離職の届出に係る期間において法第十五条第一項に規定する解雇等により離職する者に限る。）がある場合には、その者の数を当該合計数から控除するものとする。

（求職活動支援書の作成等）

第六条の三　事業主は、法第十七条第一項の求職活動支援書（以下「求職活動支援書」という。）を作成する前に、離職することとなつている対象高年齢者等（以下「高年齢離職予定者」という。）に共通して講じようとする再就職援助措置の内容について、当該求職活動支援書に係る事業所に、労働者の過半数で組織する労働組合がある場合においてはその労働組合の、労働者の過半数で組織する労働

の過半数で組織する労働組合がない場合においては労働者の過半数を代表する者の意見を聴くものとする。

2・3 （略）

4　事業主は、第二項の規定による求職活動支援書の交付に代えて、第六項で定めるところにより高年齢離職予定者の承諾を得て、<u>第十項各号に掲げる事項（以下この条において「支援書情報」という。）</u>を電子情報処理組織を使用する方法その他の情報通信の技術を利用する方法であつて次に掲げるもの（以下この条において「電磁的方法」という。）により提供することができる。この場合において、事業主は、求職活動支援書を交付したものとみなす。

一・二 （略）

5〜7 （略）

<u>8　法第十七条第一項の厚生労働省令で定める理由は、平成二十四年改正法附則第三項の規定によりなおその効力を有することとされる同法による改正前の法第九条第二項の継続雇用制度の対象となる高年齢者に係る基準を定めた場合における当該基準に該当しなかつたことその他事業主の都合とする。</u>

<u>9　法第十七条第一項の厚生労働省令で定める者は、四十五歳以上七十歳未満の者であつて次のいずれにも該当しないものとする。</u>

<u>一　日々又は期間を定めて雇用されている者（同一の事業主に六月を超えて引き続き雇用されるに至つている者を除く。）</u>

<u>二　試みの使用期間中の者（同一の事業主に十四日を超えて引き続き雇用されるに至つている者を除く。）</u>

<u>三　常時勤務に服することを要しない者として雇用されている者</u>

<u>10</u> （略）

第六条の四 （略）

組合がない場合においては労働者の過半数を代表する者の意見を聴くものとする。

2・3 （略）

4 事業主は、第二項の規定による求職活動支援書の交付に代えて、第六項で定めるところにより高年齢離職予定者の承諾を得て、<u>第八項各号</u>に掲げる事項（以下この条において「支援書情報」という。）を電子情報処理組織を使用する方法その他の情報通信の技術を利用する方法であつて次に掲げるもの（以下この条において「電磁的方法」という。）により提供することができる。この場合において、事業主は、求職活動支援書を交付したものとみなす。

一・二 （略）

5〜7 （略）

（新設）

（新設）

<u>8</u> （略）

第六条の四 （略）

第六条の五　第四条の六第一項及び第二項の規定は第六条の三第一項<u>及び前条第二項に規定する労働者の過半数を代表する者について、</u><u>第四条の六第三項及び第四項の規定は第六条の三第一項及び前条第</u><u>二項の事業主について準用する。</u>

（法第二十条第一項の厚生労働省令で定める方法）
<u>第六条の六</u>　（略）

（手帳の発給）
第七条　法第二十二条の申請は、厚生労働省職業安定局長（以下「職業安定局長」という。）が定める手続及び様式に従い、当該申請者の住所（住所により難いときは、居所とする。）を管轄する公共職業安定所（以下この節において「管轄公共職業安定所」という。）の長に対して、行うものとする。

２〜５　（略）

（公共事業における労働者の直接雇入れの承諾）
第十六条　法第三十二条第三項の規定による公共職業安定所の承諾を得るには、同条第二項の公共事業の事業主体等（以下「公共事業の事業主体等」という。）は、職業安定局長の定める様式による申請書を、主たる事業実施の地域を管轄する公共職業安定所に提出するものとする。

<u>（高年齢者の雇用状況等の報告）</u>

（新設）

（法第二十条第一項の厚生労働省令で定める方法）
<u>第六条の五　（略）</u>

（手帳の発給）
第七条　法第二十二条の申請は、厚生労働省職業安定局長（以下「職業安定局長」という。）が定める手続及び様式に従い、当該申請者の住所（住所により難いときは、居所とする。）を管轄する公共職業安定所（<u>その公共職業安定所が二以上ある場合には、厚生労働省組織規則第七百九十二条の規定により当該事務を取り扱う公共職業安定所とする。以下この節において「管轄公共職業安定所」という。</u>）の長に対して、行うものとする。
2～5　（略）

（公共事業における労働者の直接雇入れの承諾）
第十六条　法第三十二条第三項の規定による公共職業安定所の承諾を得るには、同条第二項の公共事業の事業主体等（以下「公共事業の事業主体等」という。）は、職業安定局長の定める様式による申請書を、主たる事業実施の地域を管轄する公共職業安定所<u>（その公共職業安定所が二以上ある場合には、厚生労働省組織規則第七百九十二条の規定により当該事務を取り扱う公共職業安定所とする。次条において同じ。）</u>に提出するものとする。

<u>（高年齢者の雇用状況の報告）</u>

第三十三条　事業主は、毎年、六月一日現在における定年、<u>継続雇用</u>
<u>制度、六十五歳以上継続雇用制度及び創業支援等措置</u>の状況その他
高年齢者の就業の機会の確保に関する状況を翌月十五日までに、<u>高</u>
<u>年齢者雇用状況等報告書</u>（様式第二号）により、その主たる事務所
の所在地を管轄する公共職業安定所（<u>次条第二項</u>において「管轄公
共職業安定所」という。）の長を経由して厚生労働大臣に報告しな
ければならない。

2　（略）

（権限の委任）
第三十四条　法第五十四条第一項の規定により、次に掲げる厚生労働
大臣の権限は、都道府県労働局長に委任する。ただし、厚生労働大
臣が第一号から<u>第四号</u>まで及び<u>第八号</u>に掲げる権限を自ら行うこと
を妨げない。
　一　（略）
　<u>二　法第十条の三第一項、第二項及び第四項に規定する厚生労働大</u>
　　<u>臣の権限</u>
　三〜八　（略）
2　法第五十四条第二項の規定により、前項第一号から<u>第四号</u>まで及
び<u>第八号</u>に掲げる権限は、管轄公共職業安定所の長に委任する。た
だし、都道府県労働局長が前項第一号から<u>第四号</u>までに掲げる権限
を自ら行うことを妨げない。

　附　則
　この省令は、雇用保険法等の一部を改正する法律（令和二年法律第十四
施行する。

第三十三条　事業主は、毎年、六月一日現在における定年及び継続雇用制度の状況その他高年齢者の雇用に関する状況を翌月十五日までに、高年齢者雇用状況報告書（様式第二号）により、その主たる事務所の所在地を管轄する公共職業安定所（その公共職業安定所が二以上ある場合には、厚生労働省組織規則第七百九十二条の規定により当該事務を取り扱う公共職業安定所とする。以下「管轄公共職業安定所」という。）の長を経由して厚生労働大臣に報告しなければならない。

2　（略）

（権限の委任）
第三十四条　法第五十四条第一項の規定により、次に掲げる厚生労働大臣の権限は、都道府県労働局長に委任する。ただし、厚生労働大臣が第一号から第三号まで及び第七号に掲げる権限を自ら行うことを妨げない。
　一　（略）
（新設）

二〜七　（略）
2　法第五十四条第二項の規定により、前項第一号から第三号まで及び第七号に掲げる権限は、管轄公共職業安定所の長に委任するただし、都道府県労働局長が前項第一号から第三号までに掲げる権限を自ら行うことを妨げない。

号）附則第一条第四号に掲げる規定の施行の日（令和三年四月一日）から

◆高年齢者就業確保措置の実施及び運用に関する指針

○厚生労働省告示第三百五十一号

　高年齢者等の雇用の安定等に関する法律（昭和四十六年法律第六十八号）第十条の二第四項の規定に基づき、高年齢者就業確保措置の実施及び運用に関する指針を次のように定め、令和三年四月一日から適用することとしたので、同条第五項において準用する同法第六条第四項の規定に基づき、告示する。

　　令和二年十月三十日

　　　　　　　　　　　　　　　厚生労働大臣　　田村　　憲久

　　高年齢者就業確保措置の実施及び運用に関する指針

第1　趣旨

　　この指針は、高年齢者等の雇用の安定等に関する法律（昭和46年法律第68号。以下「法」という。）第10条の2第4項の規定に基づき、事業主がその雇用する高年齢者（法第9条第2項の契約に基づき、当該事業主と当該契約を締結した特殊関係事業主に現に雇用されている者を含み、高年齢者等の雇用の安定等に関する法律施行規則（昭和46年労働省令第24号）第4条の4に規定する者を除く。以下同じ。）の65歳から70歳までの安定した雇用の確保その他就業機会の確保のため講ずべき法第10条の2第4項に規定する高年齢者就業確保措置（定年の引上げ、65歳以上継続雇用制度（その雇用する高年齢者が希望するときは、当該高年齢者をその定年後等（定年後又は継続雇用制度の対象となる年齢の上限に達した後をいう。以下同じ。）も引き続いて雇用する制度をいう。以下同じ。）の導入、定年の定めの廃止又は創業支援等措置をいう。以下同じ。）に関し、その実施及び運用を図るために必要な事項を定めたものである。

第2　高年齢者就業確保措置の実施及び運用

　　65歳以上70歳未満の定年の定めをしている事業主又は継続雇用制度

（高年齢者を 70 歳以上まで引き続いて雇用する制度を除く。以下同じ。）
を導入している事業主は、高年齢者就業確保措置に関して、労使間で十
分な協議を行いつつ、次の１から５までの事項について、適切かつ有効
な実施に努めるものとする。

１　高年齢者就業確保措置

　　事業主は、高年齢者がその意欲と能力に応じて 70 歳まで働くこと
ができる環境の整備を図るため、法に定めるところに基づき、高年齢
者就業確保措置のいずれかを講ずることにより 65 歳から 70 歳までの
安定した就業を確保するよう努めなければならない。

　　高年齢者就業確保措置を講ずる場合には、次の(1)から(4)までの事項
に留意すること。

(1)　努力義務への対応

　　イ　継続雇用制度に基づいて特殊関係事業主に雇用されている高
　　　年齢者については、原則として、当該高年齢者を定年まで雇用
　　　していた事業主が高年齢者就業確保措置を講ずること。

　　　　ただし、当該事業主と特殊関係事業主で協議を行い、特殊関
　　　係事業主が高年齢者就業確保措置を講ずることも可能であるこ
　　　と。その際には、特殊関係事業主が高年齢者就業確保措置を講
　　　ずる旨を法第 10 条の２第３項の契約に含めること。

　　ロ　一の措置により 70 歳までの就業機会を確保するほか、複数
　　　の措置を組み合わせることにより 65 歳から 70 歳までの就業機
　　　会を確保することも可能であること。

(2)　労使間での協議

　　イ　高年齢者就業確保措置のうちいずれの措置を講ずるかについ
　　　ては、労使間で十分に協議を行い、高年齢者のニーズに応じた
　　　措置が講じられることが望ましいこと。

　　ロ　雇用による措置（法第 10 条の２第１項各号に掲げる措置を
　　　いう。以下同じ。）に加えて創業支援等措置（同条第２項の創
　　　業支援等措置をいう。以下同じ。）を講ずる場合には、雇用に

　　よる措置により努力義務を実施していることとなるため、創業
　　支援等措置を講ずるに当たり、同条第1項の同意を得る必要は
　　ないが、過半数労働組合等（労働者の過半数で組織する労働組
　　合がある場合においてはその労働組合を、労働者の過半数で組
　　織する労働組合がない場合においては労働者の過半数を代表す
　　る者をいう。以下同じ。）の同意を得た上で創業支援等措置を
　　講ずることが望ましいこと。

　ハ　高年齢者就業確保措置のうち複数の措置を講ずる場合には、
　　個々の高年齢者にいずれの措置を適用するかについて、個々の
　　労働者の希望を聴取し、これを十分に尊重して決定すること。

(3)　対象者基準

　イ　高年齢者就業確保措置を講ずることは、努力義務であること
　　から、措置（定年の延長及び廃止を除く。）の対象となる高年
　　齢者に係る基準（以下「対象者基準」という。）を定めること
　　も可能とすること。

　ロ　対象者基準の策定に当たっては、労使間で十分に協議の上、
　　各企業等の実情に応じて定められることを想定しており、その
　　内容については原則として労使に委ねられるものであり、当該
　　対象者基準を設ける際には、過半数労働組合等の同意を得るこ
　　とが望ましいこと。

　　　ただし、労使間で十分に協議の上で定められたものであって
　　も、事業主が恣意的に高年齢者を排除しようとするなど法の趣
　　旨や、他の労働関係法令に反する又は公序良俗に反するものは
　　認められないこと。

(4)　その他留意事項

　イ　高年齢者の健康及び安全の確保のため、高年齢者就業確保措
　　置により働く高年齢者について、「高年齢労働者の安全と健康
　　確保のためのガイドライン」を参考に就業上の災害防止対策に
　　積極的に取り組むよう努めること。